Namibia fürs Handgepäck

Namibia

fürs Handgepäck

Herausgegeben von Hans-Ulrich Stauffer

Übersetzungen von Henning Ahrens, Christoph Göhler, Karl H. Heidtmann, Manfred O. Hinz, Ludwig Hofreuther, Alexandra Hölscher, Michael Kleeberg, Monika Kück, Helmi Martini-Honus, Jürgen Martini, Helgard Patemann, Hanno Rumpf und Werner Widmer

Unionsverlag
Zürich

Im Internet
Aktuelle Informationen,
Dokumente, Materialien
www.unionsverlag.com

Unionsverlag Taschenbuch 553

Rieterstrasse 18, CH-8027 Zürich
Telefon 0041-44-283 20 00, Fax 0041-44-283 20 01
mail@unionsverlag.ch

Verwendung der Karte auf der Umschlaginnenseite mit freundlicher Genehmigung von map.solutions GmbH, Karlsruhe (www.mapsolutions.de)
Reihengestaltung: Heinz Unternährer
Umschlaggestaltung: Martina Heuer, Zürich
Umschlagfoto: Johan Swanepoel
Druck und Bindung: CPI – Clausen & Bosse, Leck
ISBN 978-3-293-20553-6
3. Auflage, Juli 2014

Inhalt

Das Elixier der Kalahari-Wüste

Giselher W. Hoffmann

Etwa vierhundertundfünfzig Kilometer nordöstlich von Duineveld liegt das Herz der Kalahari. Es schlägt noch heute im Rhythmus der alten Zeit, denn abgesehen von vereinzelten Expeditionen, hat kein Weißer seinen Fuß in dieses Gebiet gesetzt, kein Pflug die Erde aufgerissen, keine Axt einen Baum gefällt; kurz, es gibt dort weder Städte noch Straßen, nicht einmal Häuser oder Wege, nur Tierpfade, die zu den wenigen, weit verstreuten Wasserstellen führen.

Der kalte Benguela-Strom und die Bergketten Namibias schirmen die zentrale Kalahari vom Atlantik ab. Daher regnet es dort selten mehr als fünfzig Millimeter im Jahr, und selbst wenn die regenschweren Tiefs vom Indischen Ozean über das südafrikanische Hochplateau bis zur Kalahari vordringen, haben sie das meiste ihrer Feuchtigkeit bereits auf der langen Reise verloren.

Von oben sieht das Gebiet wie eine gigantische, grün gesprenkelte Grasmatte aus, mit roten Mulden und einer breiten Rinne, die von Westen nach Osten durch den Teppich eilt. Doch wer sich in die endlose Weite hinunterwagt, der findet keinen Fluss, auch keine Bäche und Quellen, sondern nur Kalkpfannen und den mumifizierten Wasserlauf des Okwa, der sich vor Jahrtausenden in den Dow-See ergossen hat.

Die Buschmänner, die in der zentralen Kalahari ihr Dasein fristen, müssen sich damit begnügen, in den Wintermonaten von Mai bis September, oftmals bis in den Dezember hinein, den Tau von Gräsern zu lecken, die Pansenflüssigkeit erlegter Tiere zu trinken, nach wasserhaltigen Knollen zu graben oder den Saft aus den Tsamas, jenen grüngelben, kürbisförmigen Melonen, zu saugen.

Es verlangte einen geübten Blick, um die Menschen zu entdecken, die sich in jenem Herbst in einer langen Reihe durch das Gräsermeer schlängelten, so vollkommen verschmolzen die mit den Farben der Kalahari und der wogenden Bewegung, die der Wind in das umliegende Gelände brachte.

Die Frauen trugen ihre Säuglinge auf dem Rücken oder vor der Brust, um die Hände frei zu haben. Wenn sie eine essbare Pflanze entdeckten – meist Tsamamelonen und verborgene Knollen, die sie an den unscheinbar aus dem Boden ragenden Zweigen erkannten –, scherten sie aus, hockten sich nieder und gruben die Knollen oder auch Wurzeln mit ihren Grabstöcken aus und verstauten sie in den Tragetaschen. Dabei achteten sie sorgfältig darauf, dass genügend Knollen und Melonen zurückblieben, um ein Fortbestehen der Flora und Fauna zu sichern.

Jetzt im Mai waren schon viele Pflanzen verdorrt, und an den Zweigen der Büsche und Bäume hingen nur wenig Früchte. Die Frauen merkten sich trotzdem die Stellen, an denen die Pflanzen üppig wuchsen, denn es war nicht ausgeschlossen, dass die Sippe irgendwann einmal wieder diesen Weg einschlagen würde. Die Augen der Jungjäger suchten unterdessen den Boden nach Eidechsen, Insekten, Schlangen, Vogelnestern, Schildkröten und dergleichen ab, während die Jäger abwechselnd die Sippe anführten und nach Aasgeiern und Antilopen Ausschau hielten.

Im Gegensatz zu den Frauen, die außer den Säuglingen auch die mit Wasser gefüllten Straußeneier und Knollen schleppten, trugen die Männer nur ihre Fellumhänge und die Jagdausrüstung, die sich aus einem Bogen, einem Köcher, Pfeilen und einem Holzspeer mit im Feuer gehärteter Spitze zusammensetzte. In ihren Jagdbeuteln befanden sich neben dem Feuerquirl ein Knochendolch oder Steinmesser, ein Saugstab und ein Miniaturköcher, der Pfeilspitzen, eine Ahle, Kokons der giftigen Diamphidia-Larven, eine Knochenpfeife und eine Bogensehne enthielt. Mehr als das, ihren untrügerischen Instinkt und ein dem zivilisierten Menschen verloren gegangenes Wissen brauchten die Gwi nicht, um in der unwirtlichen Kalahari zu überleben.

Sie hatten Südwestafrika vor Monaten verlassen und waren jagend und sammelnd durch ihr ehemaliges, von der Dürre heimgesuchtes Jagdgebiet nach Nordosten gezogen, der zentralen Kalahari entgegen.

In ihren früheren Jagdgründen hatten Steinbuckel wie gezackte Drachenrücken aus der Erde geragt. Hier setzte sich der Boden aus dem alkalischen Tuffstein der Kalkpfannen und dem roten Kalaharisand zusammen. Und das Land war flach, so eintönig flach, dass Xei glaubte, auf der Stelle zu gehen, denn nirgendwo erhob sich ein Berg, der ihn zu sich winkte, oder ein Gebirge, das an ihm vorüberzog.

Obwohl Xei es vermieden hatte, an Katuma zu denken, fragte er sich im Stillen, was der Maler zu den leeren Horizonten gesagt hätte. Wahrscheinlich wäre er frustriert dazu übergegangen, seine Bilder in den Sand zu malen. Xei musste lächeln. Und das erstaunte ihn. Anfangs hatten ihn jedes Wort und jede Bewegung der anderen schmerzlich an Katuma erinnert, und er hatte von seiner Gefährtin und Hagao das Äußerste abverlangt, damit sie nicht ins Grübeln verfielen.

Wie jeden Tag hatte Xei auch an diesem Morgen Späher vorausgeschickt. Am Nachmittag kamen sein Sohn und drei andere Jungjäger atemlos zurück, und Hagao berichtete, dass sie Wasser gefunden hätten.

Xei wollte es nicht glauben, bis er den grauen, angetrockneten Lehm an ihren Füßen und Händen bemerkte. »Wo?«

Hagao wies mit seinem kurzen Speer nach Nordosten.

»Ist die Wasserstelle weit entfernt?«

»Nein, nur so weit, dass einem Jäger warm ist, wenn er sie erreicht hat.«

»Und groß?«, forschte er weiter, obwohl es sich nicht schickte, einen heimkehrenden Jäger mit Fragen zu überschütten. »Ist die Wasserstelle groß genug, um den Durst der Sippe zu löschen?«

Hagao senkte den Blick. »Der Sand hat es verschluckt, aber die Erde ist noch nass …«

Sickerwasser!, dachte Xei. »Habt ihr Spuren gesehen?«

Hagao schüttelte den Kopf. »Keine fremde Sippe hat von dem Wasser getrunken, nur die Antilopen haben danach gegraben.«

Xei nickte zufrieden. Ihnen würde also niemand das Wasser streitig machen. Er blickte sich um. Im Okwatal schwammen Inseln windgebeutelter Weißstamm- und Akazienbäume. Aus einem der kleinen Wälder zu seiner Rechten ragte ein verkrüppelter Kameldorn, gleich einem Riesen, den seine Kinder zu stützen versuchten, denn ein Blitz hatte sein grünes Haupt gespalten, und es hing zu beiden Seiten bis auf den Boden herab. Die Baumgruppe versprach ihnen Schutz vor dem Wind und reichlich Brennholz.

»Die Sonne wird sich bald Kühlung in der Quelle verschaffen, aus der in der Regenzeit die Wolken trinken«, sagte Xei und schlug vor, unter den Bäumen ein Lager aufzuschlagen und sich am nächsten Tag die Wasserstelle anzusehen.

Die anderen klatschten zustimmend in die Hände, denn zum ersten Mal seit vielen Monden bestand die Möglichkeit, dass die Gwi ein neues Jagdgebiet gefunden hatten.

Der gutmütigste aller Schwiegerväter hockte sich unter den gespaltenen Kameldorn und fischte ein Stück Holz aus seinem Jagdbeutel. Es war brüchig und in der Mitte mit einer Mulde versehen, in die er zerriebenes Laub rieseln ließ. Obenauf häufte er eine Handvoll Gras. Dann stellte er seine Füße auf die Stockenden, steckte den Feuerquirl in die Mulde und begann, den Stab zwischen den Händen hin und her zu wirbeln. Eine Minute später kräuselte eine blasse Rauchfahne aus dem Laub. Der Gwi umfing den glimmenden Herd mit dem Grasbüschel, hob es an die Lippen und blies sachte in die Halme, bis eine Flamme emporzüngelte. Rasch legte er das lodernde Gras auf den Boden und fütterte es mit dürren Zweigen. Als das Feuer brannte, kamen die Frauen herbei und holten sich einen flackernden Span, denn jede Familie aß und schlief für sich, außer Hörweite der anderen.

Während die Jungjäger Holz herbeischleppten und die Mädchen Mulden für die Schlafstätten gruben und sie mit Gras polsterten, verteilten die Frauen untereinander ihre Beute. Eine alte Gwi, die sich auf der Wanderung um die Kinder gekümmert hatte, bekam von jeder Mutter einen Teil geschenkt, ebenso diejenigen, die nicht erfolgreich genug auf der Suche gewesen waren, um ihre Familie zu ernähren. Mäuse wurden gegen Eidechsen getauscht, Tsamas gegen wilde Pflaumen oder Grewiabeeren und Knollen gegen Wurzeln. Bald war die Sippe emsig dabei, auf Zweige gespießte Mäuse und Reptilien zu rösten, stachelige Gurken in der Glut zu backen, zwischen Steinen zerriebene oder mit Holzmörsern zerstampfte Grewiabeeren und Tsamamelonen zu kauen, Schlangen zu braten und hilflos auf dem Rücken liegende Schildkröten im eigenen Panzer zu kochen.

Nach dem Mahl hockte sich die Sippe unter den Kameldorn ans Gemeinschaftsfeuer, um wieder eins zu werden, wie eine Kette, bei der ein Glied in das andere greift und sie zu einem starken Band verknüpft, ohne die der Clan nicht funktionsfähig wäre.

Xei pries den Tag, der ihnen genügend Veldkost beschert hatte, und der gutmütigste aller Schwiegerväter richtete ein lobendes Wort an die Jungjäger. Daraufhin schilderte Hagao ausführlich, wie ihm der Wind den Geruch des Wassers zugetragen und er nach kurzer Suche das Schlammloch gefunden hatte. Niemand fiel ihm ins Wort, denn nachdem er den Löwen getötet und dessen Herz verzehrt hatte, war sein Ansehen innerhalb der Sippe gestiegen. Er galt nun als mutiger und zielsicherer Jäger, den selbst ein kritischer Vater gern zum Schwiegersohn gehabt hätte.

Xamnoa versuchte, mit einem Lächeln und bewundernden Blicken seine Aufmerksamkeit zu gewinnen, doch Hagao sprach zu den tanzenden Flammen, und Nakesi, die aus den Augenwinkeln bemerkt hatte, dass er Xamnoa keine Beachtung schenkte, schöpfte neuen Mut.

Als Hagao geendet hatte, ergriff ein anderer das Wort, und so erhielt jeder Gwi eine Chance, seine Erlebnisse mit der Sippe zu teilen: Ein Jäger wäre fast auf eine Kobra getreten; dem anderen fiel wieder ein, dass er einmal eine Nacht das Lager mit einer Puffotter geteilt hatte; der Nächste wollte, dass sie bald auf eine andere Sippe stoßen würden, mit der er Handel treiben konnte, denn er hatte seit vielen Monden keinen Tabak und Dagga, Rauschgift, mehr geraucht, außerdem fehlte es dem Clan an Ried für die Pfeilschäfte und Eisen für die Spitzen; Nakesi erzählte, sie hätte heute eine besonders große Knolle gefunden; ihre Schwester Geische war in einen Erdferkelbau gestürzt; Xei sprach seinen Kummer über die verlassene Steppe aus; und eine alte Frau hoffte, die Wasserstelle sei ergiebig genug, dass sie hier bleiben und ihre Hütten bauen konnten, denn sie war es leid, den ganzen Tag herumzulaufen …

Die Gwi blieben nicht lange am Feuer hocken; der Marsch hatte auch die Jungen angestrengt, und am frühen Morgen wollten sie nach der Wasserstelle sehen und das Gebiet auskundschaften. Einer nach dem anderen verzog sich zu seinem Schlafplatz unter dem funkelnden Sternenhimmel, rollte sich, in ein Fellkaross gehüllt, auf das Graslager dicht ans Kochfeuer, stützte den Kopf auf die Schulter, damit kein Ungeziefer in das Haar krabbeln konnte, und schloss die Augen.

Als sich der Himmel im Osten rötete, schlug Hagao die Lider auf, um den neuen Tag zu begrüßen. Die Luft war von dem Duft der taunassen Gräser und dem Geruch kräuselnden Rauches geschwängert. Ein paar Frauen hockten bereits am Herdfeuer und fütterten die Glut mit Zweigen, während andere noch schliefen oder im Gebüsch kauerten und sich die Hände mit Urin wuschen. Hier und dort erhob sich ein Kind vom Graslager und suchte die Nähe seiner Mutter, und Hagao schlurfte gähnend zu dem gespalteten Kameldornbaum hinüber, um die Zeit bis zum Essen mit einem Schwatz zu vertreiben.

Es war ein Morgen wie jeder andere, doch das Murmeln der schlaftrunkenen Stimmen klang heute heiterer, die Lippen waren schneller zu einem Lächeln bereit, und die Arbeit ging allen leichter von der Hand als an den Tagen der endlosen Wanderung.

Die Gwi verschlangen die Überreste des Abendbrots, dann nahmen die Frauen ihre Grabstöcke und zogen mit den Kleinkindern auf dem Rücken und den jungen Mädchen an der Seite los. Die Kinder, die noch zu schwach waren, um weite Strecken zu gehen, blieben unter dem strengen Blick einer alten Gwi zurück. Sie taten es, ohne zu murren, denn der Alten fielen immer wieder neue bedeutungsvolle Spiele und Geschichten ein, mit denen sie die Aufmerksamkeit der Jungen und Mädchen zu fesseln wusste, und brachte ihnen so auf ungezwungene Weise den Unterschied zwischen Gut und Böse bei.

Die Jäger hatten unterdessen ihre Jagdbeutel geschultert und waren den Spähern in die Steppe gefolgt. Hagao führte die sich durch das Gras windende Menschenschlange an. Er trug ebenfalls seine Waffen, darauf hoffend, dass er die Jäger begleiten durfte, die das Gebiet auskundschaften würden, derweil sich die Jungen, die heute zum ersten Mal dem wachsamen Auge der alten Gwi entronnen waren, um die Wasserstelle kümmerten. Seit er den Löwen getötet und kurz darauf seinen Bruder Katuma verloren hatte, war ihm Xei näher gekommen denn je. Allerdings kam er sich im Kreis der Jäger wie ein Außenseiter vor, denn ihre Zungen kannten die Weisheiten des Lebens, die ihm noch fremd waren.

Das Wasserloch entpuppte sich als eine Kalkpfanne, die von einem niedrigen Dünenkranz umgeben wurde. In der Regenzeit hatte sich hier das Wasser gesammelt. Es war mit der Zeit auf den undurchlässigen Grund gesickert, und die Sonne hatte die Flüssigkeit aus dem Schlamm gesaugt, bis die fingerdicke Kruste steinhart geworden und aufgesprungen war. An der tiefsten Stelle hatten die Oryxantilopen auf der Suche nach Wasser mit ihren Hufen die hart gebackene Erde aufgewühlt.

Hagao stieg hinab und steckte seine Hand in eines der knietiefen Löcher. Der Schlamm umschloss seine Faust kühl und weich, und als er sie herauszog, glänzte sie vor Feuchtigkeit bis zum Handgelenk hinauf im Sonnenlicht.

»Man sollte das Loch vertiefen«, sagte Xei.

»Vielleicht sollte man es dann mit Zweigen abdecken, damit die Hitze das Wasser nicht trinkt«, fügte der gutmütigste aller Schwiegerväter hinzu.

Die Vorschläge waren indirekt an Hagao gerichtet, der aufgestanden war und die Arbeit schon unter den Jungen aufteilen wollte, als ihn Xeis tadelnder Blick traf. Im gleichen Moment wurde ihm bewusst, dass er dabei war, einen törichten Fehler zu begehen: Er hatte die Wasserstelle gefunden und damit den größten Teil zur Erhaltung der Sippe beigetragen. Ihm gebührte die Ehre, das Loch zu vergrößern. Es wäre unsinnig gewesen, jetzt fortzugehen und die Wasserstelle in junge, unbedachte Hände zu geben, denn welcher Jäger würde seine Beute schon von einem unerfahrenen Kind verteilen lassen?

Während die Erwachsenen davonzogen, machten sich die Jungjäger mit ihren Händen und Grabstöcken an die Arbeit. Zwar unterstützten Hagao und seine Kameraden die Kleinen mehr mit Ratschlägen als mit Kräften, aber auch sie verwandelten sich im Nu in schlammüberkrustete Gestalten. Als die Sonne hoch über ihnen stand, gruppierten sich alle erschöpft, doch zufrieden plaudernd um das Loch und starrten erwartungsvoll in den zwei Meter tiefen Brunnen. Die fettig grauen Wände begannen zu schwitzen, und allmählich sammelte sich das Sickerwasser auf dem Grund.

Hagao kletterte hinab, warf ein Grasbüschel auf das Wasser, beugte sich darüber und saugte die Flüssigkeit mit gespitzten Lippen durch die Halme. Es war kühl und schmeckte leicht brackig, aber es war genießbar. Hagao schob das Wasser bedächtig mit der Zunge im Mund umher. In dem Augenblick vernahm er Frauenstimmen.

Die Männer, die sich auf ihren Jagdzügen nur mit Handzeichen verständigten, sah man erst, ehe man sie hörte. Bei den Frauen war es umgekehrt. Sie hatten sich längs der Fährten, die sich wie eine Riesenschlange durch das Gras wanden, schwatzend und nach Veldkost suchend der Wasserstelle genähert. Als sie die lehmbespritzten Jungjäger hinter dem kniehohen Dünenkranz entdeckten, brachen sie in Gelächter aus, teils aus Belustigung, teils aber auch aus Freude, dass die Wasserstelle das hergab, was sie versprochen hatte.

Hagao warf einen Blick über die Schulter und sah Xamnoas feixendes Gesicht über dem Loch auftauchen.

»Hau, was sehen meine Augen?«, fragte sie kichernd. »Suhlt sich dort unten ein Warzenschwein?«

Ehe Hagao etwas erwidern konnte, schwang Xamnoa die Beine über den Rand und ließ sich fallen. Er fing sie instinktiv auf. Ihre Haut fühlte sich glatt und warm an. Hagao stellte das Mädchen verwirrt auf dem Grund ab, denn es war das erste Mal, dass er Xamnoa berührt hatte.

»Meine Lippen sind durstig«, sagte sie.

Er wies auf das im Wasser treibende Grasbüschel. »Trink«, sagte er und wandte dann beschämt den Blick ab, denn sie beugte sich vor und reckte ihm das Gesäß entgegen.

»Es geht nicht«, behauptete sie. »Du musst mich festhalten, sonst wühle ich mit meinen Händen und Füßen den Schlamm auf.«

Hagao packte sie an den Hüften, und wieder wallte das Blut in ihm hoch. Er versuchte, sich nichts anmerken zu lassen, da sich die anderen Frauen inzwischen um das Loch versammelt hatten und zu ihnen herunterstarrten. Hagao war froh, als Xamnoa ihren Durst gestillt hatte und Nakesi ihm das erste Straußenei reichte.

Nakesi lächelte. Ihm schien, als wollte auch sie ihn in eine verlockende Welt entführen, vor der er plötzlich Angst hatte – die Frauen waren ihm von einem Tag auf den anderen fremd geworden.

Schweigend füllte er an Xamnoas Seite die Straußeneier auf. Wann immer sie sich bewegte, strich ihm ihre Hüfte über das Bein. Und nachdem sie sich einige Male an ihn gelehnt hatte, wagte er nicht aufzusehen, aus Furcht, jedermann könnte den eigentümlichen Blick in seinen Augen bemerken.

Er wartete ungeduldig, bis das letzte Ei gefüllt war und Xamnoa sich erhoben hatte, ehe er selbst hochfederte und dem Mädchen unter die Arme griff, um ihr aus dem Brunnen zu helfen. Danach ließ er sich von seinen Kameraden emporziehen, deckte die Wasserstelle mit Zweigen ab und sorgte dafür, dass er einen Schattenplatz abseits von den Frauen erwischte. Aber er fand keine Ruhe. Immer wieder wanderte sein Blick zu der ausgelassen plaudernden Mädchengruppe. Schließlich kehrte er ihnen ostentativ den Rücken zu, und da sah er, dass einige Jungjäger die Mädchen ebenfalls mit sonderbaren Augen beobachteten. Er war nicht der Einzige, der das Tor zur Erwachsenenwelt suchte.

Als Xei zurückkehrte und sich, ohne die Wasserstelle und die Veldkost zu beachten, in den Schatten hockte, bat ihn Hagao, beim nächsten Initiationsritual teilnehmen zu dürfen.

Xei starrte ihn verblüfft an. Er hatte erwartet, dass sein Sohn auf die Initiation verzichten würde, wie es bereits viele, zu viele taten, und er wäre ihm nicht einmal böse gewesen, aber dass Hagao noch nach dem alten Brauch in die neue Welt überwechseln wollte, erfüllte ihn mit Stolz und Freude.

»Wir haben keine Fußspuren von Fremden gesehen, mit denen wir Handel treiben könnten, doch deine Augen verraten mir, dass die Wasserstelle gut ist und die Tragetaschen der Frauen voller Knollen sind.« Sein Lächeln wurde breiter. »Nodima hat unsere Füße weise gelenkt. Möge er deine Schritte in den Kreis der Jäger führen.«

Seine Worte rüttelten die Gwi aus dem Mittagsschlaf, denn jeder wusste, dass ein Initiationsritual nur dann durchführbar war, wenn die Wanderung ein Ende gefunden hatte. Bald erhob sich ein Gwi nach dem anderen und schlug die Richtung zum Lager ein, um dort seinen Windschatten zu errichten.

Dazu wurden junge Grewiastämme im Halbkreis in die Erde gesteckt, dünne, lange Hölzer mit Rindenfasern quer an den Stützpfeilern befestigt und die Lücken mit Gras ausgestopft. In dieser Nacht schliefen die Gwi zum ersten Mal seit Monaten wieder unter einem Dach.

Inmitten wilder Tiere und Pflanzen

Carmen Rohrbach

Etosha-Nationalpark

Der Löwin geht es schlecht. In regelmäßigem Rhythmus stößt sie klagende Laute aus: »Uok! Uok! Uok!« Das Fell ist abgeschabt wie ein alter Bettvorleger, der Bauch hängt tief, berührt fast den Boden, der Rücken ist weit durchgebogen. Fliegen umschwirren ihr Maul.

Im Schutz meines Wagens scheint mich die Löwin nicht zu bemerken, unentwegt brüllt sie ihre Klageschreie heraus. Ich weiß nicht, was ich von der Szene halten soll. Löwinnen leben doch im Rudel. Wurde das kranke Tier von ihren Gefährtinnen aus der Gemeinschaft ausgestoßen? Warum jammert sie so grauenvoll? Ob Schmerzen sie plagen?

Als ich meinen Blick von ihr abwende, mache ich eine Entdeckung: Gut versteckt unter einem Gebüsch, liegt ein blutiger Tierkörper – ein Gnu, die Beute der Löwin! Dieselbe Szene stellt sich nun in einem völlig anderen Licht dar. Die Löwin hat sich satt gefressen, deshalb hängt ihr Bauch übervoll bis zum Boden, und der Blutgeruch an ihren Lefzen hat Massen von Fliegen angelockt. Aber warum brüllt sie? Will sie den Rudelmitgliedern ihren Jagderfolg signalisieren? Da nehme ich aus dem Augenwinkel eine Bewegung wahr: Hoch oben in einem Baum krabbelt ein plüschiges Etwas herum. Ich blicke durchs Fernglas – ein Löwenbaby! In gut sechs Metern Höhe hängt es dort wie eine reife Frucht. Da! Noch eins! Und ein drittes, ein viertes, ein fünftes! Fünf kleine Löwen! Jetzt wird mir alles klar. Bevor die Löwin zur Jagd aufbrach, hatte sie ihren Nachwuchs auf dem Baum in Sicherheit gebracht. Nun sitzen sie oben und trauen sich nicht mehr herunter.

Die Löwin ruft aus etwa dreißig Metern Entfernung. Sie darf ihre Beute nicht ohne Aufsicht lassen, denn die Geier warten schon auf ihre Chance. Die dunklen Vögel hocken ringsum im Geäst und beobachten wie ich die Szene.

Das erste Löwenjunge fasst Mut, hangelt sich tiefer von Ast zu Ast und rutscht schließlich am glatten Stamm hinab. Seinem Beispiel folgt das nächste, nicht ganz so geschickt, aber es gelangt auch heil nach unten. Inzwischen haben sich alle Geschwister zur Kletterpartie entschlossen, denn keines will allein oben bleiben. Wo am glatten Stamm keine Äste mehr als Stütze dienen, wird es besonders schwierig. Das Kleinste hat schlecht aufgepasst und sich nicht umgedreht. Kopfüber hängt es nun senkrecht am Stamm, mit seinen spitzen Krallen in der Rinde verhakt. Voller Angst miaut es. Niemand kann ihm helfen, wenn es sich nicht selbst hilft. Eine wichtige Lehre, die prägend für sein weiteres Leben sein wird. Vorsichtig löst es eine Tatze von der Rinde, schiebt sie ein Stück nach unten, hakt sie wieder fest. Dann die andere Tatze und nun mit beiden Hinterbeinen gleichzeitig. Das ging ganz gut. Gleich noch mal. Mühsam kämpft sich das Löwenkind Stück für Stück den Stamm hinab.

Die Geschwister sind inzwischen eins hinter dem anderen mit aufgerichteten Schwänzen zur Mutter marschiert, werden von ihr liebevoll knurrend begrüßt und beleckt. Das Kleinste will auch dabei sein. Noch immer hängt es kopfüber mehrere Meter über dem Boden. Mit dem Mut der Verzweiflung stößt es sich ab und springt, kugelt ins Gras, rappelt sich auf und tapst zur Mutter.

Es ist verführerisch, die gut ausgebauten Kiespisten des Etosha-Nationalparks zügig zu durchfahren. Die meisten Tiere sind zwar an Fahrzeuge gewöhnt, aber wer nicht extrem langsam fährt oder immer mal wieder anhält, wird nur selten eine Begegnung mit Tieren haben. Die ungeduldigen Besucher versammeln sich deshalb lieber an den Wasserlöchern, wo sich mit großer Wahrscheinlichkeit die meisten Tiere einfinden – besonders in der Trockenzeit.

Die Löwin hatte ich nur entdeckt, weil ich wegen einer farbenprächtigen Racke angehalten hatte. Der taubengroße Vogel schillerte violett, dunkelblau, türkis und saß im Wipfel einer Akazie; die Löwin darunter hätte ich übersehen, wenn sie sich nicht plötzlich erhoben und nach ihren Jungen gerufen hätte.

Das Erlebnis zeigt, wie wichtig die Anordnung ist, unter keinen Umständen den Wagen zu verlassen, nicht einmal, um etwas aus dem Kofferraum zu holen oder um kurz hinter einem Busch zu verschwinden. Wen die Blase drückt, der muss sich bis zu den löwensicher umzäunten Toilettenplätzen gedulden. Dicht an den Boden gepresste Raubtiere sind im Gras nicht sichtbar, und nicht selten liegen sie direkt neben dem Fahrweg. Die scheinbar harmlose Buschsavanne verleitet aber immer wieder zu Unvorsichtigkeit. Es soll Touristen gegeben haben, die trotz Warnung ausgestiegen sind und erst zu Hause auf den Erinnerungsfotos feststellten, dass, hinter Gras versteckt, ein Löwenrudel auf der Lauer lag.

Die staatliche Verwaltung des Parks wirkt effektiv und straff organisiert – da wird modernes Management praktiziert. Tourismus und Naturschutz sind hier eine überzeugende Allianz eingegangen. Mit den afrikanischen Angestellten, die in freundlicher Dienstleistung geschult sind, unterhalte ich mich auf Englisch, der offiziellen Landessprache.

Das erste Lager heißt Okaukuejo und ist, wie auch alle anderen, wegen der Raubtiere umzäunt. Zelten würde mir hier kein Naturerlebnis bieten, deshalb entscheide ich mich zur Übernachtung in einem Bungalow, einer runden Hütte mit Binsendach im traditionellen Stil der Einheimischen. Kein Nagel und keine Schraube fanden Verwendung. Die Hölzer sind mit Lianen fest verbunden und stabil genug, um das schwere Pflanzendach zu tragen. Von unten blicke ich fünf Meter hinauf in die frei liegende Dachkonstruktion, die spitz zuläuft und mit ihren Rundhölzern, Querstützen und Schrägen ein kunstvolles Muster bildet. Zur Einrichtung gehören Kühlschrank und Herd; sogar Bettwäsche und Handtücher werden gestellt, alles zu einem erfreulich moderaten Preis.

Im Park wird auch Wildforschung betrieben. Als Biologin interessiere ich mich natürlich für die Arbeit der Wissenschaftler, deshalb habe ich mich mit einer Fachkollegin verabredet. Auf dem Weg von meiner Behausung zur wissenschaftlichen Station, die sich im Gebäude der Parkverwaltung befindet, werde ich vielfach abgelenkt. Zuerst von den Siedelwebern, sperlingsähnlichen Vögeln, die ein Gemeinschaftsnest bauen, wobei jedes Paar individuelle Eingangsröhren und Nestkammern benützt. Es hängt in einem knorrigen Kameldornbaum, der unter der Last ächzt, denn wie eine alte Strohmatratze überdeckt das riesige Nest die Äste und Zweige des Baumes. Ständig fliegen Vögel hin und weg, zwitschern und flattern, schlüpfen von unten in ihre Nesthöhlen, füttern die Jungen. Da könnte man Stunden verbringen, ohne sich zu langweilen.

Unter dem Baum der Webervögel wohnen Erdhörnchen in selbst gegrabenen Erdhöhlen. Neugierig kommen sie heraus und machen Männchen, während ich nur einen Meter entfernt vorbeigehe. Mit ihrem buschigen Schwanz, den sie schwungvoll aufgerichtet tragen, ähneln sie unseren Eichhörnchen. Dann begegnet mir noch eine Zebramanguste mit ihrer spitzschnäuzigen Kinderschar. Auch sie zeigen keine Scheu.

Die Gartenanlage vor dem Gebäude der Parkverwaltung ist sorgfältig gepflegt. Die vielen Pflanzen gedeihen dank reichlicher Wasserversorgung üppig. Im Zementboden vor dem Eingang hat man dekorativ die Spuren verschiedener Wildtiere eingeprägt. An den Wänden im Haus hängen Schautafeln, großformatige Fotos, Pläne und Karten. In Vitrinen sind präparierte Tiere ausgestellt, dazu Schädel von Nashörnern, Elefanten und Raubtieren. Schädel über Schädel, auch entlang des Ganges, an dem die Räume der Wissenschaftler liegen.

Maria empfängt mich in ihrem Büro, und wir machen uns bekannt. Sie trägt ein Safarihemd und knielange Shorts. Blond, groß und mit kühlblauen Augen lässt ihre Erscheinung darauf schließen, dass ihre Vorfahren von der Nordseeküste stammen. Mein Buchprojekt interessiert sie, und ich kann ihr meine erste Frage stellen: »Wie kam es eigentlich zur Gründung des Etosha-Nationalparks?«

Maria holt tief Luft und beginnt weit in der Vergangenheit: »Schon 1907 wurde das Gebiet, damals noch von der deutschen Kolonialverwaltung, als Wildschutzgebiet deklariert. Gouverneur Lindequist hatte sich dafür starkgemacht. Seine Absicht war, die Tierwelt Afrikas zu erhalten. Das war dringend nötig, denn durch die Großwildjagd war innerhalb nur weniger Jahrzehnte die Artenvielfalt stark gefährdet.«

»Hatte nicht auch das weiträumige Einzäunen der Farmen eine negative Wirkung?«, unterbreche ich ihren Exkurs.

»Und ob! Durch die Zäune waren die Wildtiere von ihren traditionellen Wanderrouten abgeschnitten. Und jeder Farmer schoss Löwen, Leoparden, Geparde, soviel er konnte, weil die Beutegreifer sich ab und zu ein Opfer aus den Viehherden holten. Außerdem wurde aus Jagdlust alles erlegt, von Antilopen bis zu Elefanten«, sagt Maria heftig.

»Warum hat man gerade dieses Gebiet zum Nationalpark gemacht?«

»Weil hier die Tierwelt besonders artenreich ist. Wenn sich die Salzpfanne während der Regenzeit mit Wasser füllt, fallen riesige Vogelschwärme ein. Aber auch während der Trockenzeit sprudeln am Rand der Pfanne noch Süßwasserquellen; außerdem gibt es artesische Brunnen. Das Wasser zieht Tiere im weiten Umkreis an. Mit 100 000 Quadratkilometern war der Park damals das größte Naturschutzgebiet der Erde, das sich im Norden bis zur Grenze von Angola und im Westen bis zum Atlantik erstreckte.«

»Das ist ja riesig!«, rufe ich begeistert aus. »Schade, dass der Park verkleinert wurde, aber warum?«

»Die Regierung Südafrikas, die vom Völkerbund das Mandat über die ehemalige deutsche Kolonie Südwestafrika erhalten hatte, begann 1962, die Einheimischen in Homelands anzusiedeln, um sie besser unter Kontrolle zu haben, ganz im Sinne der Apartheidpolitik. Da es nicht mehr genügend freie Gebiete gab, verkleinerte man den Park. Den nördlichen Teil erhielten die Ovambo, den westlichen die Damara.«

»Wie groß war der Schaden für den Naturschutz?«

»Enorm! Vom Park blieb nur ein Rumpf von 22 000 Quadratkilometern übrig, und das Schlimmste war, dass die Tierherden plötzlich von ihren gewohnten Wanderrouten abgeschnitten waren, denn während der Trockenzeit hatten sie früher immer in den regenreichen Norden ausweichen können. Um die Tiere zu retten, mussten künstliche Wasserlöcher angelegt werden, aber dadurch entstand eine tödliche Gefahr.«

»Wieso das?«

»Der alkalische Boden begünstigt in stehenden Gewässern die Entwicklung des Milzbranderregers, der Tausende von Tieren dahinraffte.«

»Schrecklich! Und was hat man dagegen getan?«

»Nichts konnte man tun, außer der traurigen Aufgabe, die Kadaver einzusammeln und zu verbrennen. Die Gnus traf es am schlimmsten.«

»Wird im Park auch gewildert?«, stelle ich die nächste heikle Frage.

»Das ist kaum vermeidbar. Unsere Ranger versuchen zwar, Fallen und Schlingen zu entfernen, aber die Bewachung des achthundertfünfzig Kilometer langen Zauns ist trotz regelmäßiger Patrouillen unvollständig. Wilderer wissen das natürlich und dringen immer wieder in den Park ein. Bedenken Sie, der Park misst zweihundertfünfundneunzig Kilometer von Ost nach West und hundertzehn Kilometer in Nord-Süd-Richtung.«

»Wie wichtig ist Ihrer Meinung nach der Etosha-Park für den Naturschutz?«, will ich als Nächstes wissen.

Maria muss für diese Antwort nicht eine Sekunde nachdenken: »Er ist die einzige Möglichkeit, die ursprüngliche Tierwelt zu erhalten. Der Bevölkerungsdruck steigt auch im dünn besiedelten Namibia. Würde der Zaun fallen, könnten nach und nach Menschen mit ihren Ziegenherden und Rindern eindringen. Wo Menschen siedeln, ist kein Platz für Wildnis. Uns ist bewusst, dass jeder Park ein künstliches Produkt ist, aber mit unseren regulierenden Eingriffen können wir verhindern, dass die Tiere ihren Lebensraum selbst zerstören. Deshalb ist der Etosha-Nationalpark mit seinen neun Vegetationszonen gewissermaßen eine Arche Noah.«

Ein Elefant am Uniab

Allein durch die Wildnis zu streifen, übt einen verführerischen Reiz auf mich aus. Beim ersten Morgenlicht steige ich zum Uniab hinab. Rund geschliffene Kiesel und blank polierte Felsen liegen im Flussbett, dann wieder wandere ich über feinkörnigen Sand, der manchmal dunkel vor Feuchtigkeit ist. Bei jedem Schritt spüre ich den Boden unter den Füßen, wie er weich federt oder hart und fest ist. Das Geräusch der eigenen Schritte lässt die Sinne vibrieren. Anders als im Auto, bin ich zu Fuß der Umwelt unmittelbar ausgesetzt. Inmitten der Natur ein Teil von ihr zu sein, ist eine beglückende Erfahrung, die ich immer wieder von Neuem ersehne.

Drei Kilometer folge ich dem Trockenfluss, der gleich einem Riss in das Basalt-Plateau eingekerbt ist. Ein Trupp gackernder Perlhühner sorgt für Abwechslung. An einer Wasserlache löschen Flughühner ihren Durst. Mit dem Fernglas beobachte ich, ob sie ihr Brustgefieder eintauchen, denn sie sind die einzigen Vögel, die Wasser zwischen den Federn speichern und mit dieser Wasserfracht kilometerweite Strecken zum Nest fliegen, um ihre Jungen zu tränken. Die Küken stecken einfach die Schnäbel ins Gefieder der Eltern und saugen die Flüssigkeit heraus.

Ovale Spuren im Sand erregen meine Aufmerksamkeit. Kein Zweifel! Nur ein Tier hat eine flache Sohle ohne vorragende Zehen oder Klauen – der Elefant! Wie alt mögen die Abdrücke sein? Sie sehen frisch aus, kein Sand ist hineingeweht.

Als der Sand wieder von Geröll abgelöst wird, kann ich die Spur nicht mehr sehen. Schon befürchte ich, dass ich sie verloren habe, da liegt ein Kotballen vor mir. Er ist frisch und dampft noch, als wäre er eben aus dem Körper des Elefanten herausgefallen. Auf einer Sandbank kann ich wieder die Spur verfolgen. Jetzt erkenne ich auch, dass es die Abdrücke eines einzigen Tieres sind. Ein Elefant allein ohne Herde, das kann nur ein Bulle sein. Einem Einzelgänger will ich aber nicht so gern begegnen; sie gelten als reizbar und können aggressiv auf Menschen reagieren, besonders wenn sie schon schlechte Erfahrungen gemacht haben. Äußerste Vorsicht ist also geboten.

Auf einmal bemerke ich zwischen dem grünen Gebüsch eine Farbe, die dort nicht hingehört. Ich schaue genauer hin, und die rotbraune Verfärbung entpuppt sich als riesiger Elefant. Hinter Stämmen und Ästen versteckt er sich, verharrt völlig bewegungslos. Er dreht mir sein Hinterteil zu, hat aber den Kopf zur Seite gewandt. Ich sehe sein Auge, es blickt mich an. Ein Schauer rieselt über meine Haut. Eines der größten Landtiere steht mir direkt gegenüber. Zwischen uns fließt ein Strom gegenseitigen Erkennens. Vollkommen ruhig, ohne Bewegung blicken wir einander in die Augen.

Seine Stoßzähne, die auch zum Graben benutzt werden, sind bis auf kurze Stummel abgeschliffen. Bestimmt ist er ein sehr alter Bulle.

Ich setze mich auf einen Stein und warte ab, was der Elefant tun wird. Wahrscheinlich hat er denselben Entschluss gefasst und wartet seinerseits auf eine Reaktion von mir. Gerade will ich mich langsam zurückziehen, da tritt er aus dem Gebüsch heraus, steht mir ohne Deckung völlig frei gegenüber. Er schaukelt seinen schweren Kopf einige Male hin und her, wedelt mit den großen Ohren, wirft mir noch einen prüfenden Blick zu, bevor er mit gemächlichem Schritt weiterzieht. Sein Körper ist völlig mit rotbrauner Erde bedeckt, in der er sich irgendwo gewälzt hat und die ihm wie Puder anhaftet.

Wie kann er in dieser staubtrockenen Umwelt überleben? Elefanten sind Tiere des Urwalds und der Savanne, die sich täglich vier bis fünf Zentner Grünfutter einverleiben und ausgiebige Schlammbäder lieben, um ihre empfindliche Haut zu pflegen. Die Wüstenelefanten Namibias sind keine spezielle Unterart, sondern die »üblichen« afrikanischen Elefanten, die sich an diesen extrem trockenen Lebensraum angepasst haben. Bleibt die Regenzeit einige Jahre aus, werden Elefanten mit den Unbilden der Natur sogar besser fertig als Springböcke und Oryxantilopen. Der verheerenden fünfjährigen Dürrezeit von 1979 bis 1984 fielen achtzig Prozent aller Säugetiere zum Opfer, aber kein einziger Elefant. In Notsituationen bewährt sich die Solidarität untereinander. Junge, schwache und alte Tiere sind im Herdenverband geschützt, ihnen wird immer geholfen. Nie werden sie im Stich gelassen, solange noch ein Lebensfunke in ihrem Körper ist.

Mit ihrer hoch entwickelten Intelligenz erfassen Elefanten schnell eine für sie ungewohnte Situation. Sie denken sich Strategien aus, wie sie einen Mangel an Futter und Wasser beheben können, dabei hilft ihnen ihr enormes Gedächtnis. An Wasserstellen, wo sie in ihrer Jugend den Durst löschten, können sie sich noch Jahrzehnte später erinnern. Da sie ihr riesiges Territorium genau kennen, wissen sie auch, wann und wo etwas wächst. Tagesetappen von siebzig Kilometern sind für Elefanten keine Besonderheit. Zwar trinken sie über hundert Liter täglich, aber zur Not können sie auch vier Tage ohne Wasser ausharren. Manchmal gelingt es ihnen sogar, in den trockenen Flussbetten erfolgreich nach Grundwasser zu graben. Mit der Nahrung sind Elefanten weniger wählerisch als andere Tiere. Sie fressen alles Pflanzliche, solange es sich zerkauen lässt. Obwohl sie saftige Blätter bevorzugen, verschmähen sie auch nicht Wurzeln, Äste und Rinde. Mit vier Metern Schulterhöhe und dem langen Rüssel erreichen sie alles, was wächst: am Erdboden die Gräser, auf hohen Bäumen die Blätter, und wenn nötig, stoßen sie den Baum einfach um, damit sie an die Krone herankommen.

Mein Elefant entfernt sich allmählich. Kein Laut ist zu hören, weder knirscht der Sand, noch klirren Kiesel. Wie ein Geist schleicht sich der Riese davon.

Die Wunderblume vom Brandbergmassiv

Als ich das erste Mal von Welwitschia hörte, war ich elf, und der leidenschaftliche Bericht über die Entdeckung der seltsamen Pflanze entfachte meine Fantasie. Es hieß, die Wunderblume wachse nur an einem einzigen Ort, sei so selten wie ein Diamant, und wer sie finde, dem bringe sie Glück. Ganz zufällig sei sie von einem Forscher in der Wüste entdeckt worden. In der trockensten Wüste der Welt, dort wo andere Lebewesen verdursten, gedeihe und blühe sie. Aber das war längst noch nicht alles, es gab noch mehr Wunderbares zu berichten: Sie könne nicht nur in der Wüste überleben, sondern werde auch noch uralt. Tausend Jahre und mehr, keiner wisse es genau, und sie höre nicht auf zu wachsen, behalte ihre Jugendkraft ein Leben lang. Dabei habe sie nur zwei Blätter, vom Anfang bis zum Ende ihres Lebens nur diese zwei Blätter, die immerzu wachsen und schließlich acht Meter lang werden.

Der Forscher, der sie 1859 entdeckte, war der Österreicher Friedrich Welwitsch. Er gab ihr seinen Namen, und so heißt sie noch heute Welwitschia mirabilis. Überwältigt von ihrem Anblick, kniete der Forscher auf dem heißen Sandboden nieder, streckte seine Hände nach ihr aus, halb in Furcht, sie könne sich als Trugbild erweisen, und rief: »Du bist das Schönste und Herrlichste, was mir in meinem Leben geschenkt wurde!«

Dieser schwärmerische Ausruf machte auf mich mit elf Jahren einen unauslöschlichen Eindruck. Ich spürte, wie übermäßig beglückend es sein musste, als Erster etwas zu entdecken, was niemand zuvor gesehen hatte. Das wollte ich auch. Mein Lebensplan stand fest: Wie Friedrich Welwitsch wollte ich Naturforscher werden, seltene Lebewesen suchen, auch einmal wie er im Sand knien und seinen Ausspruch wiederholen.

Wie man weiß, sind übergroße Erwartungen meist enttäuschend, weil die Fantasie fast immer stärker ist als die Wirklichkeit. Doch diesmal ist es anders. Welwitschia mirabilis ist nicht umsonst die seltsamste Pflanze auf unserem Planeten. Bei ihrem Anblick stockt mir der Atem, und ich kann nur denken: Ja, das ist sie!

Ich habe sie sofort erkannt und begreife augenblicklich, warum Friedrich Welwitsch so überaus ergriffen war. Die wunderbare Wüstenblume ist wie ein Wesen von einem anderen Stern, ungewöhnlich und einzigartig. Mit keiner anderen Pflanze vergleichbar, ähnelt sie eher einem Tier, einem grünen Polypen, der mit unzähligen Fangarmen um sich greift und auf Beute lauert. Mehrere Jahrhunderte hat sie am Fuße des Brandbergs überlebt. Ihre Blätter von blaugrüner Farbe sind durch Windböen und Sandstürme zerfasert, zerschlissen, zerfetzt. Wenn ich nicht wüsste, dass sie nur zwei Blätter hat, würde ich glauben, es seien Dutzende, die zu einem unentwirrbaren Knäuel miteinander verflochten sind.

In der Mitte der bandförmigen Blätter liegt eine braune Scheibe. Bei meiner Welwitschia misst die Scheibe einen halben Meter im Durchmesser, ist in ihrer Mitte geknickt und sieht aus wie ein offener Rachen. Mit dieser korkigen, rachenförmigen Scheibe saugt sie wie ein Schwamm Regen, Tau und Nebelfeuchtigkeit auf.

Diese Scheibe ist die Krone eines hölzernen Stammes. Der nur wenige Zentimeter lange Baumstamm geht in eine rübenartige Pfahlwurzel über, die mehr als drei Meter in die Tiefe reicht. Auch wenn sie nicht bis zum Grundwasser vordringt, überlebt die Pflanze, weil sie über ihre Stammkrone genügend Feuchtigkeit an sich ziehen kann. Sie braucht nicht viel; bei Trockenheit schließt sie die Spaltöffnungen in den lederartigen Blättern, die zusätzlich einen wachsartigen Überzug haben, um möglichst wenig Wasser zu verdunsten.

Meine erste Wüstenblume ist weiblichen Geschlechts. Ich erkenne es an den kleinen Zapfen, acht Zentimeter hoch und drei Zentimeter dick, die am Rand der Korkscheibe senkrecht nach oben ragen. Die Wüstenblume leistet sich den Luxus, sich zweihäusig durchs Leben zu schlagen. Ziemlich riskant bei einer so seltenen Art, die noch dazu freien Raum um sich herum liebt und kaum ein benachbartes Exemplar näher als zwanzig Meter an sich heranlässt. Aber irgendwie muss der Blütenstaub der männlichen Pflanze zu einer weiblichen gelangen, damit sich die zäpfchenförmigen Fruchtkolben entwickeln können. Der Wind mag eine Hilfe sein, zuverlässiger ist aber ein tierischer Helfer bei der Befruchtung, die Saugwanze sexpunctatus. Sie bohrt ihren Rüssel in die Pflanze, saugt ein wenig Saft, und während sie mal an dieser, mal an der nächsten nascht, trägt sie unabsichtlich den Blütenstaub einer männlichen zu einer weiblichen Pflanze.

Die weibliche Welwitschia produziert dann Zehntausende von Samen, die so klein und leicht sind, dass sie, einmal vom Wind erfasst, weit davongetragen werden. Geschützt von einer chemischen Substanz, bleiben die Samen über Jahre hinweg keimfähig und warten auf Regen. Erst durch Wasser wird das keimhemmende Mittel herausgewaschen, und eine kleine Welwitschia kann schließlich gedeihen.

Die Wüstenblume wird nicht nur als Individuum uralt, sie muss auch ein hohes geologisches Alter haben. Sie ist die einzige Überlebende ihrer Familie, und Botaniker rätseln nach wie vor über ihre Abstammung. Weder wurden fossile Vorfahren gefunden, noch lässt sie sich mit anderen heute lebenden Pflanzen vergleichen.

Westlich am Brandberg entdecke ich besonders viele Exemplare. Diese Stelle wird als »Welwitschia Highway« bezeichnet. Das Verbreitungsgebiet der Wüstenblume erstreckt sich vom Kuiseb-Canyon bis nach Angola. Dort in der Nähe von Mossamedes hatte Friedrich Welwitsch seine erste Pflanze gefunden. Mag ich als Kind bedauert haben, dass er mir zuvorgekommen war, was wird erst Charles John Anderson empfunden haben? Er war es, der zwei Jahre vor Friedrich Welwitsch als Erster auf die neue Art stieß. Durch ein Missverständnis waren aber die Sammelexemplare, die Anderson nach London schicken wollte, in Kapstadt liegen geblieben. So kam Welwitsch ihm zuvor, veröffentlichte seine Forschungsergebnisse und wurde als Entdecker gefeiert. Für die Pflanze war es ein Glück, finde ich, denn der Name »Welwitsch« passt einfach besser zu ihr als »Anderson«.

Zum Abschied verbeuge ich mich respektvoll vor der »alten Dame«, das bin ich ihrem ehrwürdigen Alter, ihrer Einzigartigkeit, ihrer spannenden Geschichte schuldig. Über welche Pflanze sonst gäbe es so viel Ungewöhnliches zu berichten?

Herrensafaris in Kaoko

Dag Henrichsen

1985 bat mein Vater mich und meinen Bruder, ihn und zwei Freunde auf eine Tour zum einstigen Damara- und Kaokoland in Westnamibia zu begleiten. Da ich in den Sechziger- und Siebzigerjahren in Swakopmund aufgewachsen war, war mir der Anblick von Männergruppen vertraut, die sich mit ihren bis unters Dach mit Vorräten vollgestopften allradgetriebenen Geländewagen auf den Weg in den »einzigartigen Westen« machten. Ich wusste, dass auch ich eines Tages auf eine Herrensafari gehen würde – wie diese Safaris von den Männern genannt wurden. »Ihr dürft mitkommen, wenn ihr größer seid«, hatte mein Vater jedes Mal gesagt, wenn er sich von uns verabschiedete. Ich erinnere mich nicht, ihn jemals gefragt zu haben, ob ich ihn begleiten dürfte.

Das Ziel der Männer war eine entlegene, gesperrte, gefährliche und praktisch unbewohnte Region. Zumindest mussten wir als Familie, die zurückblieb, dies aus den umfangreichen Vorbereitungen für die Herrensafari schließen: die akribische Organisation und Planung der Vorräte, die Notwendigkeit, von den zuständigen Behörden in Windhoek Genehmigungen einzuholen, die Treffen meines Vaters und seiner Freunde, ihre Diskussionen über infrage kommende Routen und das Vergleichen ihrer oft nur selbst gezeichneten Landkarten. Zu guter Letzt gab man uns zu verstehen, dass während ihres Ausflugs keine Kommunikation zwischen ihnen und uns möglich sein würde. Nur im Notfall wollten die Männer versuchen, von Funkstationen in Ohopoho (heute Opuwo) oder Möwebucht im Diamantensperrgebiet an der sogenannten Skelettküste aus Verbindung mit uns aufzunehmen.

Kaokoland war bis 1990 eine »innere extraterritoriale Einheit«, um Paul Virilios Definition von Homelands in Südafrika zu zitieren. Kaokoland war nicht nur ein Homeland, sondern stand seit 1979 unter Kriegsrecht mit militärischen Garnisonen in Opuwo und Ruacana sowie militärischen Operationen entlang des Kunene-Flusses, insbesondere in den frühen Achtzigern. So gesehen, war Kaokoland ein offiziell für Außenstehende gesperrtes Gebiet, ebenso der angrenzende Küstenstreifen, der seit Beginn des Jahrhunderts Teil eines großen Naturreservats war und 1971 der Skelettküste Nationalpark wurde, zu dem es nur beschränkten Zugang gab. Zeitweise waren drei verschiedene Genehmigungen für diese Gebiete erforderlich, vom Bantu Affairs Department, dem Department of Nature Conservation und dem Department of Mining. Beide Regionen entwickelten sich trotz des eingeschränkten Zugangs kontinuierlich, wodurch sie fester Bestandteil von Politik, Wirtschaft und aufkommender Tourismusindustrie der restlichen Kolonie wurden, wenngleich in spezifischer Art und Weise. Ab den frühen Fünfzigerjahren bahnte sich ein verwirrendes, aus Pads bestehendes Netz durch Kaokoland und entlang der Skelettküste für eine wachsende Anzahl von Herrensafaris und kommerziellen Offroad-Safari-Touren, inklusive Flugpisten für die diversen Safari-Touristen, die eingeflogen wurden, für den Bergbaubetrieb, das ein oder andere Bergbaucamp sowie Verwaltungsstellen.

All diese Entwicklungen kamen in den Erzählungen meines Vaters und seiner Begleiter jedoch kaum zum Tragen. In Swakopmund wuchsen wir mit haarsträubenden Geschichten über Westnamibia auf, über unvorstellbare Wege, wilde Fahrten, liegen gebliebene oder im Sand festgefahrene Wagen, trostlose Landschaften, aggressive Wüstenelefanten und andere unerwartete Begegnungen, mit denen die Männer während der Touren konfrontiert worden waren. Viel später erst wurde mir bewusst, dass die Abgeschiedenheit und Unzugänglichkeit Westnamibias nicht nur aufgrund des offiziellen Status als Sperrgebiet und der wüstenähnlichen Landschaft »real« waren, sondern auch angesichts der Rolle, die das Bild von der Abgeschiedenheit und Unzugänglichkeit bei uns zu Hause spielte. Die Herrensafaris dienten offensichtlich der Suche nach Abenteuer und Risiko, und vor diesem Hintergrund »flüchteten« die Männer vor den urbanen Mittelschichtsverhältnissen, in denen sie normalerweise lebten. Ihre Geschichten – oder genauer Anekdoten – gaben Westnamibia das gewisse exotische Etwas, und als solches musste diese Gegend sowohl für die Männer als auch für uns ohne Straßen und Kommunikation auskommen, ohne genaue Landkarten – eine Gegend, für die jedoch Genehmigungen erforderlich waren.

Wenn die Männer von einer Herrensafari zurückgekehrt waren, präsentierten sie uns neue, merkwürdigerweise sich stets ähnelnde Geschichten, die dafür sorgten, dass wir an ihre Abenteuer, ihren Mut und ihre Entschlossenheit glaubten. Die Männer und ihre Landrover verwandelten sich mithilfe der Herrensafaris und den daraus hervorgehenden Geschichten in »Herrscher des Landes«: Sie hatten eine scheinbar unzivilisierte, nicht kartografierte Region voller Gefahren gemeistert, indem sie ihren leistungsstarken Geländewagen das Äußerste abverlangt hatten und immer Herr der Lage geblieben waren. Die Safari hatte aus ihnen Eroberer einer besonderen Spezies gemacht, nicht nur einfache Kolonialherren in unwegsamen Gebieten, sondern eine Gruppe von motorisierten Gentlemen – Herren –, die sich deutlich von anderen unterschied: Da in den Sechzigerjahren die wenigsten in Swakopmund einen Geländewagen besaßen, war es nur einer Minderheit vergönnt, sich den Herrensafaris anzuschließen, was dieses Unternehmen zu einer elitären Angelegenheit machte. Anderssein und Status spielten hierbei augenscheinlich eine genauso wichtige Rolle wie pures Vergnügen, Tapferkeit und Beherrschung.

Ich fragte mich oft, was wohl die Einheimischen in Westnamibia über die vorbeiziehenden Konvois von Geländewagen und Männern dachten, denn trotz des Mangels an anständigen Straßen fuhren sie in einem durch und durch organisierten Korso, der einer bestimmten Hierarchie und bestimmten Gesetzen gehorchte. Was sah man wohl in diesen Männern und ihren Autos?

Ein weitverbreiteter umgangssprachlicher Ausdruck unter deutschsprachigen Namibiern für Reisen innerhalb ihres Heimatlandes ist »auf Pad gehen«. Er ist vom afrikaansen Ausdruck *op pad wees* abgeleitet und bedeutet nicht nur so viel wie »sich auf den Weg machen, unterwegs sein«, sondern auch mit einem Geländewagen oder zumindest einem Kleinbus wie dem VW Bus oder einem bakkie (Pick-up) in seiner Freizeit in den »Busch« zu fahren und in der freien Natur zu campen. Der Ausdruck »auf Pad gehen« geht mindestens auf die späte deutsche Kolonialzeit zurück, Zeitzeugnisse von Siedlern trugen Titel wie *Meine erste Pad in Südwest*, womit auch auf Einführungsrituale in die beschwerlichen Reisen mit Ochsenwagen durch die Kolonie angespielt wurde. Heute bezieht sich »auf Pad gehen« auf Outdoor-Freizeitaktivitäten, wie Annemarie Berg in ihren persönlichen Erinnerungen erklärt und dies in der Einleitung ihres Buchs mit dem einfachen Titel *Pad* festhält: »Man spricht in Südwest von einem Padleben und denkt dabei an Übernachten am offenen Feuer im Busch, an Tage voller Kameradschaftsgeist und Naturverbundenheit. Man spricht von Padkluft und meint damit Khakishorts und Polohemd, von Padkost, Padwetter und unzähligen anderen Padbegriffen.« Es versteht sich von selbst, dass man nicht auf Pad geht, wenn man nach Windhoek reist oder nach Cape Town, sondern man geht, einer touristischen Unternehmung gleich, im Umland einer Freizeitbeschäftigung nach, die beispielsweise einen Abstecher zum Etosha-Park beinhalten könnte.

Eine Pad kann man mit der Familie, mit Freunden, als Mitglieder einer Vereinigung oder Kirchengemeinde oder als Schulklasse erleben. Auf Pad gehen oft Jung und Alt, Frauen und Männer, jedoch vor allem Menschen aus einer städtischen Umgebung und weniger jene, die auf dem Land leben. Eine Pad ist also eine regionalspezifische Form kolonialer Freizeitreisen, deren Besonderheit auch durch die Tatsache hervorgehoben wird, dass es weiterhin als Einführungsritual in das Leben in Namibia für Freunde und Verwandte aus Übersee Bestand hat: »Wer Südwest richtig kennenlernen will, es innerlich zu erfassen sucht, der gehe auf Pad. Nirgends lernt er die Seele des Landes so kennen wie weit draußen in seiner Natur, seiner Einsamkeit und Weite.« Durch diese besondere Form des Reisens wird ein Gefühl der Kameradschaft und Heimatliebe gefördert, welches darauf abzielt, eine besondere Art von Stamm aufzubauen, dem der Südwester. So formuliert es Brigitta Schmidt-Lauber in ihrer Studie über deutsche Ethnizität in Namibia passend: »In den jeweils individuell durchgeführten, aber von allen unternommenen Fahrten durchs Land konkretisiert sich als gemeinsamer Nenner das Heimatverständnis. Ob der Tendenz nach eher als angenehme Spazierfahrt oder als harte Männertour ausgerichtet, zeigt sich in jedem Fall die Bindung an die Pioniere von einst und vor allem die Verbundenheit mit dem Land sowie die Übereinstimmung zentraler Werte. Mit dieser Form der Ritualisierung der Naturliebe ist die sozial-integrative Bedeutung des Auf-Pad-Gehens angesprochen. Paderfahrungen und -schilderungen bestätigen die Gemeinschaft deutscher Namibier untereinander, die weniger in gemeinsamen als vielmehr in gleichen Erfahrungen gründet.«

Berg behauptet sogar: »Das Leben in Südwest gleicht seinen Pads«, stellt somit einen Zusammenhang zwischen dem Leben und den »wilden« Pfaden des Landes her und erhebt auf diese Weise den identitätsstiftenden Anspruch eines grundlegenden Denk- und Gefühlsmusters auf ein »wildes« Land. Sollte man also die Pad als eine Art weltlicher Pilgerfahrt verstehen?

Offroad-Touren sind ein unverzichtbarer Aspekt der Pad. Das viel gelesene südafrikanische Hochglanzreisemagazin *Getaway* schreibt über Offroad-Touren als ultimative Abenteuertrips und über Outdoor-Freizeit mit Geländefahrzeugen, welche sich zu modischen Ferienaktivitäten für einen Großteil der weißen städtischen Elite im südlichen Afrika entwickelt haben.

Der Ausdruck Herrensafari bezieht sich auf die ausschließlich männliche Form des Auf-Pad-Gehens. Eine andere Bezeichnung hierfür war und ist immer noch Männersafari. Dieses männliche Ritual ist eine abenteuerlichere, extremere Form der Pad und dient, obwohl es alle Aspekte einer normalen Pad aufgreift, der Verankerung des gängigen Männlichkeitsbildes und der männlichen Rolle, die ein »harter« männlicher Südwester zu verinnerlichen hatte. Diese Männer bezeichneten sich als Padkameraden, um ihre gemeinsamen

Reise- und Freizeiterfahrungen zu betonen. Herrensafaris beschränkten sich auf jene Männer, die einen Geländewagen besaßen, waren also nur einer bestimmten gesellschaftlichen Schicht zugänglich und standen daher für eine elitäre Form des kolonialen Reisens. Der eigentliche Ausdruck Safari, der aus dem Suaheli/Arabischen stammt, wurde im Kenia der Dreißigerjahre Synonym für die motorisierte Jagd und Fotosafaris der Siedlerelite und hat bis heute seine Doppeldeutigkeit in Büchern wie *Sands of Silence. On Safari in Namibia* beibehalten, welches von Großwildjagd und -fotografie im »Bushmanland« handelt. Im Namibia der Fünfzigerjahre etablierte sich der Ausdruck Safari in der deutschsprachigen Gemeinschaft mithilfe der Kunstvereinigung in Windhoek, welche eine jährliche »S.W.A. Safari« für ihre Mitglieder einführte, wobei es sich um große organisierte Pads in die abgelegeneren Gebiete der Kolonie handelte. In »Südwester Deutsch« (umgangssprachliches Namibiadeutsch) sprach man von Safari meines Wissens nur im Zusammenhang mit Herrensafaris.

Die Schatten der Geschichte

André Brink

Selbst in den gut dokumentierten historischen Darstellungen über die Männer, die Deutsch-Südwestafrika an der Wende zum 20. Jahrhundert beherrschten, jene ersten Gouverneure, die nach fast einem Jahrhundert des Pioniertums die Missionare, Händler und Goldsucher ablösten, bleiben die Individuen Schemen im Hintergrund ihrer eigenen Geschichte, in den Schatten gestellt von den historischen Tatsachen, und das gilt für alle von ihnen: Curt von François (1891–1894), Theodor Leutwein (1894–1904), den berüchtigten Lothar von Trotha (November 1904 – November 1905) und auch für seinen weniger blutrünstigen Nachfolger Friedrich von Lindequist (1905–1907). Es gilt ebenfalls für die einheimischen Führer wie Samuel Maharero oder den gefürchteten Nama-Hauptmann Hendrik Witbooi, dessen ausführliches Tagebuch bei aller Lebendigkeit mehr auf äußerliche Fakten besteht als auf die inneren Antriebe, Impulse und Überlegungen, die ihn zu dem Mann machten, der er war. Das heißt, dass die dokumentierte Geschichtsschreibung in all diesen Fällen noch einmal neu geordnet, neu bedacht werden muss, um auch die einzelnen Individuen zu erfassen, die in dieser Geschichte gefangen waren. Und wie viel mehr gilt das dann auch für jemanden wie Hanna X.

Genau wie Hanna selbst muss ich weiterschreiten. Und das

erste Bild, das ich von ihr habe, nachdem sie den Frauenstein verlassen hat, ist, wie sie sich durch die Wüstenlandschaft bewegt, eine von zwei winzigen Figuren auf einer immensen Fläche und unter einem Himmel, an dem in der Ferne die Geier kreisen. Die sind das erste Lebenszeichen, das sie in zwei Wochen gesehen hat. In langsamen Kreisen und scheinbar mühelos steigen sie in Spiralen hinauf und schweben mit reglosen ausgebreiteten Flügeln auf ihrem Luftstrom. Sie haben es nicht eilig herabzukommen; was sie dort unten wahrgenommen haben, scheint noch nicht tot zu sein. Aber irgendetwas muss sie dort festhalten, andernfalls wären sie schon längst weitergezogen.

Hanna deutet mit einer kurzen Kopfbewegung in ihre Richtung. Ihre junge Begleiterin nickt.

Sie ist sich noch immer nicht sicher, ob es eine gute Idee war, das Mädchen mitzunehmen. Aber was hätte sie sonst tun sollen? Als sie diese Stimme hörte, die in der Dunkelheit leise ihren Namen rief, gerade als sie sich aufmachte, den Frauenstein zu verlassen, blieb sie stehen wie angewurzelt, einen Fuß bereits auf der ersten Treppenstufe. Katja. Sie war davon ausgegangen, dass das Mädchen noch immer in ihrem todesgleichen Schlaf lag. Jetzt musste etwas geschehen, und zwar schnell. Der Sonnenaufgang ist schon nah. Sie lässt ihr Bündel auf dem Treppenabsatz liegen, läuft zurück, nimmt das Mädchen am Arm und macht dringliche Zeichen, es solle wieder auf sein Zimmer gehen. Aber Katja lässt sich nicht beirren.

»Wo gehst du hin?«, fragt sie erneut.

Hanna macht ungeduldige Gesten: Raus, weg, jetzt.

»Du gehst nicht ohne mich. Du kannst mich nicht hierlassen.«

Du verstehst nicht. Hanna versucht, sich ihr in der Zeichensprache verständlich zu machen, die sie begonnen haben zu entwickeln. Ich kann hier nicht bleiben.

»Nach dem, was passiert ist …«, sagt Katja mit erstickter Stimme. »Bitte. Ich brauche dich. Ich lass dich nicht gehen.«

Wie soll sie Katja ohne Zunge zum Bleiben überreden? Und die Zeit verrinnt. Dazu kommt, dass sie, auch wenn sie es sich nicht eingestehen will, gewissermaßen für das Mädchen verantwortlich geworden ist. Seit dem Zeitpunkt, als Katja sich nach dem Tod ihrer Schwester in der Wüste ihr angeschlossen hat, und jetzt natürlich umso mehr, nach dem, was heute Nacht passiert ist. Lange kann Hanna sich nicht entscheiden. Schließlich löst das Problem sich dadurch, dass Hanna beim Anblick des verschreckten jungen Mädchens das Gefühl hat, wieder in einen Spiegel zu blicken und diesmal eine jüngere Ausgabe ihrer selbst zu sehen. Gewiss, Katja ist hübscher, als sie je war, aber da ist das Haar, das lange blonde Haar, das ihr über die Schultern fließt, das Haar, das die Leute, die sie von hinten sahen, annehmen ließ, sie müsse schön sein, das Haar, das einst Pastor Ulrich fesselte, das Haar, das Männer sie anflehten, um ihr Geschlecht zu schlingen, während sie sie mit geschlossenen Augen streichelte, das Haar, das sie kurz nach ihrer Ankunft auf dem Frauenstein abschnitt, um den Albtraum des Zuges vergessen zu können. Und hier steht jetzt Katja, dünn und verletzlich in den Bettlerkleidern, die sie nach dem Mord angezogen hat, Katja mit genau derselben Haarpracht. Das Mädchen mit ihr in die Wildnis zu nehmen, wäre wie sich selbst eine zweite Chance zu geben. Sie würde es nicht nur aus dieser finsteren Festung erretten, sondern vor allem, was es einschränkt und ummauert und bedroht, all den Regeln und Gesetzen und Vorschriften, die die Welt beherrschen. Katja, das Waisenmädchen, einsam und von allen Seiten bedroht.

Also ergibt sie sich schließlich in das, was nun ohnehin unvermeidlich zu sein scheint. Sie begleitet Katja zurück in deren Zimmer und hilft ihr dabei, ebenfalls ein Bündel zu schnüren. Das erste graue Tageslicht scheint schon durch die kleinen Fenster herein, als die beiden sich treppab und dann nach draußen stehlen, über den nackten Hof huschen, an dem felsigen Auswuchs vorbei, wo die Quelle entspringt, vorbei auch an der Felsformation in Form einer Frau, die allem, was sie hinter sich gelassen hat, den Rücken zudreht, und schließlich in die offene Ebene gelangen, die sich vor ihnen ausbreitet und am Horizont mit dem Himmel verläuft, an dem sich die ersten Streifen der Dämmerung zeigen.

Unterhalb des Felsens bleibt sie stehen, um noch einen letzten Blick zurückzuwerfen, fast als erwarte sie, etwas oder jemanden zu sehen, der ihnen folgt. Aber wen? Die Gespenster vielleicht. In gewisser Hinsicht wäre es beruhigend gewesen, zu sehen, wie sie ihnen folgen, der ganze graue unkörperliche Haufen. Aber offenbar haben sie ihre Gründe, warum sie zurückbleiben. Sie müssen zurückbleiben, genauso wie sie einst ihre eingebildeten Freunde zurückließ, als sie von ihrem ersten, erinnerungslosen Leben fort und in die erbarmungslosen Mauern des Waisenhauses gebracht wurde. Und nun beginnt ein weiteres Leben. Was es für eines sein wird, weiß sie noch nicht. Aber sie hat es gewählt, und jetzt muss sie es durchschreiten.

Aber kein Grund zur Hast. Angesichts ihrer ersten Erfahrung in dieser Hinsicht und der Katjas weiß sie, dass die Gefahr gering ist, verfolgt zu werden. Der Frauenstein wird sich auf die Effizienz der Wüste verlassen: Entweder sterben sie dort oder kommen irgendwann wieder angekrochen. Wenn keine Leiche gefunden wird – und die Gefahr ist wirklich gering –, dann wird kaum jemand mehr nach ihrem Verbleib fragen. Im Laufe der Wanderschaft beginnt sie langsam, das Mädchen in all die Überlebenskniffe einzuführen, an die sie sich von den Namas her erinnert: Wie man Tsammas findet, Wurzeln und Knollen, dickblättrige Saftpflanzen, wie man zwischen den essbaren und den tödlichen unterscheidet, wie man die Hinweise auf vergrabene Straußeneier entdeckt, die nomadische Namas und Buschmänner mit Wasser gefüllt haben, wie man auf das Geflatter und kurze Zwitschern jener kleinen grauen Vögel zu achten lernt, die einen zu Bienennestern in hohlen Bäumen oder Termitenhügeln führen können, die voll von süßen Honigwaben sind.

Sie verständigen sich genauso wie bisher miteinander: Katja spricht und fragt, Hanna antwortet mit sparsamen, aber ausdrucksstarken Gesten oder mit hingekritzelten Schlüsselwörtern, nur nicht mehr auf Papier wie im Frauenstein, sondern in den Sand oder auf die nackte harte Erde gemalt. Sie hat erklärt, dass sie versuchen wollen, ein Nama-Lager oder einen Nomadenstamm zu finden. Momentan will sie noch keine weiter gehenden Erklärungen liefern. Abgesehen von der Zeit, die sie bei den Kreutzers verbracht hat, und der mit Lotte auf dem Schiff, war ihr Aufenthalt bei den Namas die einzige Zeit ihres Lebens, in der sie fast so etwas wie Zufriedenheit und Sicherheit, ja wie Glück, gekannt hatte. Dieser Stamm ist jetzt vernichtet, aber vielleicht finden sie andere. Und für das, was sie vorhat, braucht sie die Kraft der großen Zahl. So viele von ihnen, wie sie nur finden kann. Eine ganze Armee. Aber sie hat keine Eile. Der klare und reine Hass, der sie antreibt, ist ebenso geduldig wie die Wüstensonne – und genauso unerbittlich. Ein Feuer in ihrem Innern.

Was Hanna schon fast unheimlich vorkommt, ist, dass Katja immer weniger schriftliche Anordnungen und Sätze von ihr zu brauchen scheint. Ihre Kommunikation beginnt fast schon telepathisch zu funktionieren, so als würde das Mädchen sich tatsächlich in eine jüngere Ausgabe ihrer selbst verwandeln. Sie ist übrigens auch robust, viel robuster, als man das bei ihrem schmächtigen Körper erwarten würde. Vielleicht war es ja gar kein Fehler, sie mitgenommen zu haben. Auch wenn zwei Wochen eine zu kurze Zeit sind, um sie wirklich ernsthaft auf die Probe zu stellen.

Von Zeit zu Zeit kommen sie an den Überbleibseln einer Nama-Siedlung vorbei – ausgebrannte Hütten, zerstörte Kraale aus Astwerk, die Gerippe von Schafen, Rindern und Hunden sowie Menschenknochen, die die Brandschatzer in der Gegend verstreut haben. Es muss sich um Spuren des Kriegs handeln, der das Land verwüstet und über den sie schon so viel gehört haben. Bloß waren es, abgesehen von der Episode vor Kurzem, als der Armeetrupp mit seinen Gefangenen zum Frauenstein kam, immer nur Gerüchte und Erzählungen gewesen. Das hier ist realistischer und kruder, dennoch liegt eine merkwürdige Atmosphäre von Abwesenheit über der Szenerie, eine Ableugnung von Leben. All die Zeichen deuten nirgendwohin.

Aber jetzt passiert irgendetwas in einiger Entfernung vor ihnen – die langsam kreisenden Geier deuten darauf hin. Hanna braucht nicht zu gestikulieren, Katja muss kein Wort sagen, sie tauschen nicht einmal Blicke aus. Allerdings beschleunigen beide ihren Schritt. Die Entdeckungen, die sie bislang auf ihrem Weg durch die Wüste gemacht haben, waren nicht weiter bemerkenswert, wenn sie denn beiden Frauen auch jeweils bedeutsam genug vorgekommen sind: ein Vogel, der einen extravaganten und ein wenig lächerlichen Tanz mit einer Schlange hinzulegen scheint, eine Meerkatzenfamilie, die die Ebene überwacht, Ballen aus trockenem Gras, die von einem Wirbelwind, der ansonsten nicht spürbar ist, in die Luft gehoben werden, kleine Wolken, die über den Himmel segeln und wieder verschwinden, eine Ameisenstraße, die ihren Weg kreuzt. An und für sich alles belanglos und doch jedes Mal ein Menetekel des großen Spiels von Leben und Tod, das ohne Unterlass in jeder Sekunde weitergeht. Dies hier jetzt aber, die Geier und ihr nach wie vor unsichtbares Ziel, ist etwas, das in der vollkommenen Stille der Wüste wesentlich dramatischer wirkt.

»Vielleicht ein krankes Tier?«, schlägt Katja im Näherkommen vor. »Vielleicht ein Bock, der im Kampf verwundet oder von einem Löwen angefallen wurde? Oder ein Kitz, das von seiner Mutter verstoßen wurde.«

Hanna zuckt die Achseln.

Sie kommen dem Ort näher.

Hanna berührt den Arm des Mädchens, damit es stehen bleibt. Sie ballt die Faust. Das heißt: ein Mann.

Ja, es ist ein Mann. Oder besser gesagt: Es war einmal einer. Bevor er an Armen und Beinen an vier in den Boden getriebenen Pflöcken festgebunden und mit dem Rücken auf einen Ameisenhaufen gelegt worden war. Die Vorderseite seines Körpers ist vom Kopf bis zu den Knien schwarz vor getrocknetem Blut, durch das ein kariertes Streifenmuster erkennbar ist. Sein Geschlecht ist verstümmelt, die Hoden sind abgeschnitten. Eine Wolke Fliegen erhebt sich mit wütendem Summen, als sie herantreten. Hanna versucht, Katjas Kopf zur Seite zu drehen, aber das Mädchen wehrt sich und kniet sich neben den ausgespannten Körper hin und starrt auf ihn.

»Ist der tot?«, fragt sie nach einer Weile. Ihre Lippen sind so trocken, dass sie sich kaum bewegen.

Als wolle er antworten, bringt der Mann ein schwaches Stöhnen hervor. Seinen Körper durchläuft ein Zucken, die einzige Bewegung, zu der er fähig zu sein scheint.

Hanna kniet sich neben ihn, schnürt ihr Bündel auf, holt das lange Messer hervor und schneidet und sägt die Seile durch, die seine Hand- und Fußgelenke fesseln.

Wasser, signalisiert sie Katja.

Das Mädchen kommt mit einem Tonkrug heran, den es mitgenommen hat. Es ist nur noch wenig Flüssigkeit übrig, aber die tröpfelt es über die dunklen, geschwollenen, aufgesprungenen und blutigen Lippen des Mannes.

Langsam, deutet Hanna an. Lass dir Zeit. Sonst geht es alles daneben.

Sie versuchen, ihn in eine bequemere Lage zu bugsieren, aber er scheint nicht in der Lage zu sein, mitzuhelfen, ja nicht einmal zu verstehen, was sie wollen. Sein Rücken, bemerken sie, als sie ihn vorsichtig und mühevoll von dem Ameisenhügel herunterziehen, ist merkwürdig unverletzt. Er ist ein Riese von Mann, gebaut wie ein Stier, aber jetzt in einem so erbarmungswürdigen Zustand, dass sie womöglich zu spät gekommen sind. Er scheint schon im Delirium zu sein.

Wer mag ihm das angetan haben?, versucht Hanna, Katja verständlich zu machen. Und warum? Meinst du, er wurde für irgendein Verbrechen bestraft? Für einen Mord womöglich, oder … Sie lässt die Arme sinken, will nicht weiterdenken.

»Er ist schwarz«, sagt Katja. »In diesem Land hier, habe ich herausgefunden, ist das schon Verbrechen genug. Manchmal habe ich welche gesehen, die auf allen vieren zu dem Handelsposten meines Vaters gekrochen kamen. Er hat dann immer versucht, uns wegzuscheuchen. Das sei kein Anblick für uns, meinte er. Aber wir haben trotzdem zugesehen.«

Aber wie kann man einen Menschen so prügeln …?, versucht Hanna zu fragen. Auf die Brust und den Bauch und die Vorderseite der Beine und dahin … Sie deutet auf die Stelle. Aber nicht auf den Rücken?

Katja zuckt die Achseln. »So wird das hier gemacht«, sagt sie leise und mit müder Stimme. »Die Hereros nennen das die deutsche Art.«

Wir müssen irgendwo eine schattige Stelle für ihn finden, deutet Hanna an.

»Hier gibt es nirgendwo Schatten.«

Hier wird er sterben. Gegen ihren Willen blickt Hanna nach oben. Die Geier sind schon sehr viel tiefer gekommen. Manchmal sind sie schon so nah, dass man die obszön nackten Hälse erkennen kann und den unverwandten Blick der starren gelben Augen. Sie blickt Katja an und gestikuliert: Wir müssen irgendwie Schatten machen, um ihn zu schützen.

»Aber wie?«

Hilf mir mal.

Sie hängen das Laken, in das Hannas wenige Besitztümer eingeschlagen waren, über einen verkrüppelten Dornbusch und ziehen und schleifen den Mann, der im Todeskampf leise stöhnt, darunter. Hanna breitet eines ihrer Hemden über den schwarzen, blutigen Stumpf, der von seinen Genitalien übrig ist. Die Geier über ihnen stoßen Protestschreie aus, schlagen ärgerlich mit den Flügeln und schweben davon. Nach einer Weile kehren ein paar von ihnen zurück, stürzen herab, als wollten sie sich in die Erde bohren, aber nur, um im letzten Moment wieder durchzustarten und sich nach oben zu spiralen, immer höher und höher, bis sie nur noch klein wie Stecknadelköpfe zu sehen sind.

Sehr viel mehr können die Frauen nicht tun. Die Wunden des Mannes müssten gesäubert werden, und er deliriert im Fieber, aber sie haben kein Wasser. Und in dieser spiegelnden Hitze, die die Augen blendet, wird jede Bewegung zu einer Strapaze. Das Einzige, was sie tun können, ist warten. Als die Sonne schließlich anfängt, sich zu verflüssigen, lässt Hanna Katja den Mann beaufsichtigen und macht sich auf die Suche nach Arzneien. Es ist so lange her, dass die Namas sich um sie kümmerten, sie hat viel vergessen. Aber dann findet sie doch ein paar trockene kleine Gräser, die ihr bekannt vorkommen. Wenn die sind, wofür sie sie hält, dann könnten sie gegen das Fieber helfen. Und eine Gli-Wurzel, deren Saft ihn betrunken machen und den Schmerz betäuben wird.

Die Nacht fällt sehr plötzlich ein, aber es liegt genug Feuerholz herum, und mithilfe einer der Zunderbüchsen, die sie mitgenommen haben, lässt sich ein Feuer anfachen. Direkt außerhalb des Flammenscheins leuchten grüne Augen aus der Nacht, einmal hier, dann dort, und das unheimliche Gelächter der Schakale ist zu hören, auch das Heulen einer Hyäne. Katja ist starr vor Angst. Hanna drückt sie an sich und stößt beruhigende, summende Laute aus. Aus lauter Erschöpfung fällt das Mädchen schließlich in einen unruhigen Schlaf. Aber Hanna bleibt wach, um das Feuer zu nähren und von Zeit zu Zeit etwas von dem bitteren Saft zwischen den geschwollenen Lippen ihres delirierenden Patienten hindurch in seinen Mund zu zwingen. Er reagiert darauf mit leisem, knurrendem Stöhnen wie ein leidender Ochse. Wenn er die Nacht übersteht, denkt Hanna, hat er eine Chance zu überleben. Andernfalls sind morgen früh die Geier wieder hier.

Relikte Bismarcks

Georg Brunold

Windhoek, November 1993

Das reguläre »Ostpreußen-Treffen« im namibischen Hotel Thüringer Hof zu Windhoek ist verpasst und seit einer Stunde vorbei. Was unter afrikanischen Königsbergern, vielleicht auch in Oberschlesien und Hinterpommern Südwest die Gemüter bewegt, bleibt hier im Dunkeln. Zu Recht, denn Klischees wie das vom Südwester Paradepreußen sollten in der Regel bereits von sich aus vor dem verfehlten Einstieg warnen. Im Falle von »Deutsch-Südwest« verrät das Klischee seinerseits eine ortsunkundige deutsche oder, wie einige hier sagen, eine »deutschländische« Urheberschaft. Wer südlich der Sahara, aber weiter nördlich, in einem afrikanischeren Afrika lebt, hat erhebliche Schwierigkeiten, in Namibia statt einem ihm unbekannten gemischtrassigen Neuseeland noch den ihm vertrauten Erdteil wiederzuerkennen. Dennoch weiß er sich auf dem Schwarzen Kontinent und wird sich hüten, sich durch die Sprache an die Oder versetzen zu lassen. Auf diesem südwestafrikanischen Boden wöge er andernfalls in deutscher Sprache geäußerte Worte mit falschen Waagsteinen.

Mit Vorliebe sind es deutsche Namen oppositioneller Vertreter der Democratic Turnhalle Alliance (DTA), die in dem sonst recht heiter entspannten Ambiente des Parlaments unter dem Signet »DTA-AWB« Erwähnung finden. Deutschstämmige Namibier seien Rassisten, will es das besagte Klischee des deutschen Reiseführers, ganz nach dem Sinne gewisser Abgeordneter der South West Africa People's Organisation (Swapo). Falls die Gescholtenen nachts im Traum darob mit den Zähnen knirschen, lassen sie es sich tagsüber nicht anmerken. Nicht weniger irreführend als der Wink mit dem südafrikanischen Rechtsextremismus der Afrikaanse Weerstandsbeweging (AWB) ist an solchen Stigmatisierungen der Hang zu stillschweigender Gleichsetzung mit teutonischen Spezifika. Was hört man unter diesen »Südstaatlern«, in der Bar des deutschen Restaurants Alte Feste, über ihre schwarzen Kompatrioten? Übersetzt in die entsprechenden Sprachen, unterscheidet es sich kaum von Verlautbarungen im spanischen Klub von Tanger, an Stammtischen hinterbliebener Kongo-Belgier in Lubumbashi oder französischer Legionäre in der zentralafrikanischen Hauptstadt Bangui.

In der nördlichen Hemisphäre ist das Engagement für die Dritte Welt von starken Reflexen gegen moralische Ernüchterung geprägt. Aber die Schönheit engagierter Seelen liefert keine rückwirkende Nachhilfe für einen gefälligeren Empfang europäischen Zuzugs in Afrika. Es war stets weniger der Geist aufgeklärter Pedanterie im Bürokratismus der Kolonialadministration, stets weniger die Rationalität ökonomischer Expansion in den Handelskontoren, es waren weniger solche noch wenig geläuterten Elemente europäischen Fortschritts, wozu sich unter der schwarzen Bevölkerung gewisse Affinitäten entwickelten. Es war vielmehr ebender unfehlbar erzkonservative Schädel des Siedlers, der mit eigenen Händen in Afrika afrikanischen Boden bebaut hat. Das Privileg dieser größeren Intimität teilen sich Erben südwestafrikanischer Breslauer mit Erben der Analphabeten aus dem nordostportugiesischen Tras os-Montes, mit den raren Erben der Straßenbauheere Mussolinis in Abessinien und auch mit den

Erben der Transvaal-Buren vom Großen Treck. Südwester heben sich allerdings dadurch heraus, dass es wirtschaftlich niemand so weit gebracht hat wie sie, die jetzt mit vielleicht 25 000 Seelen wieder etwa so viele zählen wie 1919, bevor die Briten rund die Hälfte von ihnen deportiert hatten. Es dürfte kaum viel weniger als ein Drittel der namibischen Privatwirtschaft sein, was sie bei ihrem Bevölkerungsanteil von gut eineinhalb Prozent kontrollieren.

Auch unter Ostafrikas halbnaturalisierten Briten geht das Wort, auf diesem Kontinent wäre viel besser als jede Regierung gar keine. Der Staat war auch nie die Sache deutschstämmiger Südwestafrikaner, die nun seit dem 21. März 1990 Namibier sind. Sie legen viel Gewicht auf ihre Treue zum Buchstaben, wonach weder sie noch ihre Vorfahren je Kolonisatoren waren. Was waren sie? Ab 1884 – und ab 1909 mit begrenzter Selbstverwaltung – waren sie Siedler unter der Protektion der Berliner Reichsregierung, welche Bismarck für die Erwerbungen des Bremer Kaufmanns Franz Adolf Lüderitz erwirkt hatte. Vier Jahre nach der Kapitulation der deutschen Schutztruppe von 1915 übertrugen die Briten die Verwaltung unter einem Völkerbundsmandat an die Südafrikanische Union. Dieser Rahmen, der nach dem Zweiten Weltkrieg die Gestalt einer völkerrechtlich nicht länger sanktionierten Besetzung annahm, verlieh ihnen als europäischen Siedlern in der südafrikanischen Kolonie den Status von Colons, von Kolonisten, vergleichbar etwa den italienischen oder spanischen Kolonisten in Algerien. Auch die Deutsch-Namibier pflegten die Schulbildung der Schwarzen nicht zu fördern, sich eher dagegen zu wehren. Aber es stimmt, was der konservative Parlamentsabgeordnete Peter Kayser sagt, sie haben in »Südwest« keine Apartheid erfunden.

»The mess that we have inherited« – der Schlamassel, den wir geerbt haben, werden die Swapo-Abgeordneten im

Parlament nicht müde zu sagen. Als die South West Africa People's Organisation gegen die Besetzungsmacht Krieg führte, haben die Deutschstämmigen den südafrikanischen Widerstand gegen den Kommunismus und gegen die Uno-Generalversammlung, wo die Meinungen der Weltöffentlichkeit entspringen, mitgetragen. Zum großen Glück für alle Namibier haben sie gerade so lange ausgehalten, bis in Berlin die Mauer abbruchreif war. So sehen sie es – gewiss ganz anders als ein Landsmann wie Gerhard Tötemeyer, Professor für Politikwissenschaft und Director of Elections im Premierministeramt. Entsprechend tief reicht die ideologische Polarisierung auch in die deutschstämmige Gemeinschaft hinein, die schließlich auch in der Swapo Ableger hat. Diese setzte das Tüpfchen aufs i, indem sie – mit dem Fall der Mauer über Nacht reformiert – der Turnhalle-Allianz das wirtschaftspolitische Programm entwendete. Vielleicht überfüttert die Swapo die emanzipationsbestrebten Massen doch noch mit der süßen Mär ihrer tausendundein Versprechungen und schafft damit etwas mehr Raum für politische Gegner. Doch da sich vorläufig die Aussichten der kapitalistischen Opposition beklagenswert ausnehmen, herrschen bei ihr starke Neigungen, sich aus der Politik in den behaglichen Schmollwinkel des erfolgreichen Geschäftsmannes zurückzuziehen.

Und was haben sie, die »Südwester«, schließlich – in jedem afrikanischen Vergleich – der Swapo nicht für ein großartiges Land hinterlassen?! In der Tat! Und sagt einmal jemand auch dies? Im Gegenteil, man fordert sie auf, sich zu versöhnen. Am allerliebsten hören sie das von den Abgesandten der Bonner Bundesregierung. Obschon die Swapo nicht mehr über den sozialistischen Luxus und diplomatischen Spielraum einer zweiten deutschen Vertretung aus Ostberlin verfügte, erblickte das Auswärtige Amt auch dem unabhängigen Namibia gegenüber seine Aufgabe in der Herstellung und Pflege guter zwischenstaatlicher Beziehungen. Damit waren die Reibungen zwischen den Bonner »Deutschländern« und ihren südwestlichen Vettern programmiert, und auch die eine oder andere Bemühung um Abwiegelungen seitens der Botschaft hatte in der Folge einen Fehlschlag zu gewärtigen. Nichts besser macht etwa die Anmerkung eines deutschen Diplomaten, so schlimm sei dies alles nicht, denn der deutsche Aspekt sei an Namibia nicht der einzige. Bonner Zungen vermochten in Sensibilität mit Südwester Ohren öfter nicht gleichzuziehen, und in der Wiederholung schlagen wohlmeinende Anregungen vom Rhein die felderprobten. Mimosen am Südatlantik mit dem Ruch einer afrikanischen Zurückgebliebenheit: kultureller, ja fast unumwunden geistiger Art. Wer allerdings – und womöglich noch unaufgefordert – sich gegen dergleichen zur Wehr setzt …

Zu diesem mehr ästhetischen Aspekt gesellt sich der ethische, denn noch wirkt zumindest als Legende fort, den schwarzen Namibiern sei bis zur Unabhängigkeit historisches Unrecht widerfahren. Dass die gesetzliche Rassentrennung ein administrativer Import war, dieser unbestreitbare Tatbestand allein kommt in der Frage der Verantwortung noch nicht einem Freispruch für die Deutschstämmigen gleich. Doch weit gefehlt, dass sie auf dergleichen warten würden – weder könnten sie dies, noch könnten sie es kraft ihrer Position auch nur können wollen. Sie erscheinen ungleich tiefer verstrickt in das Paradox dieser neuen Rolle historischer Verantwortungsträger, die ihnen zuvor weder vom Kaiser noch von Pretoria jemals eingeräumt wurde. Sie weisen eine solche Rolle mit Verve zurück und setzen sich damit auf genau die Anklagebank, auf der sie ebendiesem ihrem Protest gemäß keinesfalls sitzen können.

Die Demütigung mag bei gewissen Südwestern Neigungen stärken, sich einiges von der Schmach auch noch abzuverdienen. Vergaß man nicht am Ende, sie um ihre Meinung zu Details der deutschen Wiedervereinigung, zum Grenzvertrag mit Polen und dergleichen zu bitten? Oder, nicht zu vergessen, auch etwa zur deutschen Asylfrage, die seitdem an Aktualität gewann? Solche Versäumnisse können heimgezahlt werden, und in der Tat wundert man sich, mit welch vernünftigem, aufgeklärtem Windhoeker Kollegen man soeben zu sprechen glaubte, wenn man während seines Ferngesprächs im Nebenraum plötzlich die deutschen ausländerfeindlichen Flugschriften am Brett hinter seinem Schreibtisch entdeckt. So wird auch bei der Deutschen Botschaft geklagt, die Allgemeine Zeitung und Chefredakteur Hans Feddersen pflegten in namibisch-deutsch-deutschen Angelegenheiten nicht jenen Geist, den man am Rhein sich gewünscht haben möchte …

Gewiss, vor allem in der deutschesten namibischen Stadt Swakopmund gibt es auch sie, die Devotionalienhändler unter dem Hakenkreuz. Aber abgesehen davon, dass man diese in Deutschland ebenfalls kennt, führt hier Aufmerksamkeit für solche Fossilien wiederum in die Irre. Denn an der Kaiserstraße in Windhoek, die seit 1990 Independence Avenue heißt, führte auch in diesem Jahrhundert noch ein wilhelminischer Geist Regie, der vom Hitler-Reich nur fernere, durch die Distanz gedämpfte Echos zu Bewusstsein steigen ließ. Die Rumpfgemeinschaft des Protektorats kam mehrfach in den Genuss von Auffrischungswellen, weniger direkt aus dem geschlagenen Nazi-Deutschland als in den frühen Fünfzigerjahren durch Auswanderer, die keinen Glauben in den Wiederaufbau zu fassen vermochten.

Krause Aspekte des Deutschlandbilds in »Südwest« erfuhren in diesem Zuge Ergänzung in der Wahrnehmung eigener Dinge. Auf Sichtweite des Parlaments steht vor der Alten

Feste, dem Quartier einst der Deutschen Schutztruppe, ihr Ehrenmal. Wenn die Swapo als Sieger dem Verlierer nicht ganz seine eigene Geschichtsschreibung überlässt, so doch alle Stätten des ehrenden Andenkens. Niemanden scheint zu sehr zu stören, dass in Windhoek dunkel bleibt, welche Gemeinschaft hier zu Füßen des deutschen Ritters welchem Herero-Aufstand ihr Andenken widmet. Das Gedenken, das hier weniger einer Bewältigung der Vergangenheit als ihrer Hege gilt, vergisst, dass schon damals ein Hanseat wie Lüderitz nicht in allen Punkten die Ansichten des kaiserlichen Hofes teilte und dass auch etwas später die martialischen Direktiven des Generals Lothar von Trotha nicht nach dem Sinn des Gouverneurs Theodor von Leutwein waren. Die militärische Niederschlagung des Aufstands von 1904, die mehr als drei Viertel der 80 000 Herero ins botswanische Exil oder in den Tod trieb und Tausende in Lagern das Leben kostete, erwies sich als Desaster für alle. Eine bizarre Ironie verzerrt das deutschstämmige Gedächtnis: Während britische Historiker zulasten des Reichs und seiner Truppen die lokale Verwaltung und auch die Siedler schonen, waschen deutschstämmige Nachgeborene heute den Kaiser rein. Die zurückgekehrten Herero ihrerseits sind politisch auf dem Weg, sich zu Namibias Zulus zu mausern.

Man ist gut beraten, den Giftküchen des Ideellen den Rücken zu kehren. Sogleich verfliegen die dräuenden Elemente, und das politische Klima gleicht sich Namibias freundlichen meteorologischen Tendenzen an. Es bleibt der allseitige Konsens, dass die ersten vier Jahre Swapo-Regierung alle Erwartungen hoch übertroffen haben und dass auf Regierungsebene der Umgang aller mit allen an pragmatischer Vernunft sehr wenig zu wünschen übrig lässt. Für niemanden besteht Unklarheit in der Frage, wie viel in Namibia alle zu verlieren haben, und was nochmals den AWB betrifft, so stößt man in

Namibia auf gar kein Interesse an Unfrieden in Südafrika. Hier fasst den Kern des allseitigen Konsens der Satz, dass in diesem Land nie wieder ein Schuss fallen darf. Wer bringt den Deutsch-Namibiern nicht einige Augenblicke Geduld entgegen, ehe er von ihnen mehr verlangt? Tiefer im Inneren des Kontinents, einige Tage später im Flugzeug zwischen Addis Abeba und Nairobi, wendet sich Harald Ganns nochmals um. Von Deutschstämmigen viel bekrittelt aIs Deutschlands erster Botschafter in Windhoek, steht er seit seiner Ablösung im August 1993 an der Spitze des Bonner Afrikareferats. Er scheint im kurzen Gespräch etwas Wichtiges vergessen zu haben: »Tun Sie ihnen nicht unrecht!« Unnötige Mahnung an einen Besucher, dem zum Abschied bei einem Südwester Jäger und Sammler zwischen seinen Trophäen und Steinen etwas von seiner Liebe zum Land aufgegangen ist.

Ein Fleck nordwestlich von Otjimbingwe

Peter Orner

»Sie finden es bedauerlich, dass ich mich nicht dem deutschen Schutz unterstellen will. Sie sind offenbar der Meinung, dass ich auch dadurch eine Schuld auf mich lade … Meine Anwort lautet: Ich habe den deutschen Kaiser nie gesehen, und ich bin mir sicher, dass auch er mich nie gesehen hat.«
Hendrik Witbooi, 1885

»Falls Sie beabsichtigen sollten, mich weiter zu bekämpfen, muss ich Eure Hoheit bitten, mir noch zwei Kisten mit Henri-Martini-Patronen zu schicken, damit ich Ihren Angriff gebührend beantworten kann. Bislang haben wir noch nicht wirklich gegeneinander gekämpft … Eine große, aufrechte und zivilisierte Nation wie die Ihre sollte die Versorgung ihres Feindes mit Munition nicht unterbinden: Sobald ich genug Munition habe, sind Sie herzlich eingeladen, mich zu erobern.«
Hendrik Witbooi, 1893

Angeblich war es der brutalste Überfall auf koloniale Streitkräfte in der ganzen blutigen Geschichte Deutsch-Südwestafrikas. Witbooi und seine Männer – die einem Ruf Gottes folgten – griffen überraschend das deutsche Feldlager bei

Otjimbingwe an. Fünftausend kaiserliche Soldaten unter dem Kommando Hermann Görings, dem glücklosen Vater des erfolgreicheren zukünftigen Reichsmarschalls, waren in den Kasernen stationiert, und an jenem heißen Sommerabend schliefen sie alle tief und fest. Der Überfall war so erfolgreich, dass sogar Göring die Flucht ergreifen und, was besonders demütigend gewesen sein dürfte, in der britischen Garnison in Walvis Bay um Schutz bitten musste. Die Deutschen ließen diesen Überfall selbstverständlich nicht unbeantwortet, und nach dem Eintreffen frischer Rekruten aus dem Vaterland traten sie drei Monate später zum Angriff an. Witbooi zog sich in die unwirtlichen Sandwüsten und Lehmhügel nordwestlich von Otjimbingwe zurück.

Eines Montagmorgens führte Obadiah, einen langen Stab in der Hand, seine Klasse im trockenen Flussbett von der Schule fort. Achtunddreißig Drittklässler in taubenblauen Hemden, in Zweierreihe und Händchen haltend. Nach einem Weg, der den Jungen wie ein Zwölftagesmarsch vorgekommen sein musste, ließ Obadiah plötzlich anhalten. Er stieß seinen Stab in den Sand.

»Cherubim! Wer von euch kann mir sagen, was diesen Ort so bedeutsam macht?«

Sämtliche Jungen schwiegen. Sie versuchten sogar, den Atem anzuhalten. Zu dieser Tageszeit, an einem späten Vormittag im März, wirkte alles ausgedörrt. Der Sand, die Bäume und Büsche, ja sogar die Kühe hatten die Farbe von Gips. Alles war in ein grelles Licht getaucht, und der Himmel bot keine Abwechslung. Die Jungen waren von der Einförmigkeit der Halbwüste umgeben, und sie hatten Hunger, großen, großen Hunger. Der Lehrer hatte die große Pause für diesen Ausflug geopfert. Das trockene Flussbett war wie von Pockennarben von Huf- und Fußabdrücken übersät, die noch aus der Zeit der letzten Regenfälle stammten. Dazu kam der Ziegenkot, adrette kleine Haufen wie winzige Pyramiden. Gab es hier irgendetwas, das den weiten Weg lohnte?

»Willensstärke«, sagte Obadiah. »Ein wichtiges Wort, meine Kobolde. Es bedeutet, dass man den Mut zum Weiterkämpfen aufbringt, obwohl der Körper sagt: Asseblief, makker. Ich kann nicht mehr, Herr, ich flehe Dich an. Hendrik Witbooi hat diesen Mut besessen. Schreibt das in euer Schulheft, wenn wir zurück in der Klasse sind. Benutzt es in einem Satz. Zum Beispiel: ›Witbooi besaß wahrhaftig Willensstärke.‹ Betrachtet diesen Stab, meine Kinder, allein hier im Sand, stumm wie eine Säule. Sogar die Willensstärke braucht manchmal eine Verschnaufpause. Der große Hendrik Witbooi ritt nach Nordwesten auf Goas zu, nachdem er aus der Garnison von Otjimbingwe geflohen war – ja, sogar Goas hat seinen Platz in der Geschichte –, und er hielt genau an dieser Stelle.«

Die Jungen betrachteten träge den Stab, der krumm und schief im Sand aufragte.

»Genau hier! Sogar die Willensstärke muss haltmachen und in der reinen Wüstenluft verschnaufen, der Luft der Freiheit. Spitzt die Ohren, Jungs. Hört ihr sie? Die Schutztruppe ist ihm bedrohlich dicht auf den Fersen. Denkt darüber nach, kleine Männer von Goas. Denkt darüber nach, wie es ist, gejagt zu werden und um das liebe Leben zu reiten. Aber denkt auch an all jene, die in ihrem Bett getötet worden sind. Ja, Verbrecher, Kolonialherren, aber auch Männer mit pochendem Herzen. Sie hatten den Tod verdient, kein Zweifel. Doch mit dem Kopf auf dem Kissen? War das nicht eine Tat, die sich Witbooi von den Deutschen selbst abgeschaut haben könnte? Verschnauft kurz. Hier hat ein großer Mann Rast gemacht. Hatte er einen Sieg errungen?«

Obadiah griff nach dem Stab, wuchtete ihn auf die Schulter und ließ seinen Blick über die Reihe der Jungen gleiten.

»Hendrik Witbooi war der beste Gewehrschütze seit dem Vater von Jonker Afrikaner.« Obadiah senkte seine Flinte. »Außerdem war er ein Christ bis hinab zu seinen achtzig Jahre alten Füßen. Ich wiederhole: Denkt darüber nach. War es eine Heldentat des Unabhängigkeitskampfes? Ganz sicher. Aber auch der Beginn einer Zeit der Gemetzel. Ich habe euch an den Ort geführt, wo Witbooi Rast gemacht hat, um euch vor Augen zu führen, welchen Preis man für die Größe eines Mannes bezahlen muss.«

Mit diesen Worten rammte Obadiah den Stab wieder in den Sand und begann, langsam zur Schule zurückzugehen. Er rief über die Schulter: »Einfache Antworten habe ich nicht für euch.«

Die Jungen standen da und sahen ihm nach. Die älteren Schüler hatten ihnen schon von dieser Geschichte erzählt, davon, wie der betrunkene Meister Obadiah seinen Stab in das Veld rammte, aber jetzt, allein hier draußen, taten sie das, was alle anderen Jungen vor ihnen getan hatten. Sie starrten ihn an. Auf einmal wacher, starrten sie den Stab an. Alle achtunddreißig Jungen, stumm und immer noch Händchen haltend. Ein Junge erwog, den Stab umzustoßen. Ein anderer überlegte, ihn an sich zu nehmen, um seinen Feind, Reginald Eiseb, damit zu verprügeln. Ein weiterer wäre gern darauf geritten wie die weiße Hexe im Bilderbuch. Doch ein Junge, Jacobus Tivute, horchte auf das Keuchen eines gehetzten Mannes, und nach einer Weile hörte er es tatsächlich. Das Geräusch stammte von dem Jungen, dessen Hand er hielt, ein Asthmatiker, aber das tat nichts zur Sache. Jacobus hörte das schreckliche Keuchen. Die Deutschen würden Witbooi bis ans Ende der Welt jagen. Dann würden sie ihn in Vaalgras siebzehnmal erschießen. Das hatte ihm sein Vater erzählt. Als er die knotigen Bäume betrachtete, die wirren Dornbüsche, das breite, trockene Flussbett, das sich in die Ferne schlängelte, dachte

Jacobus, dass Heldenmut noch viel schlimmer war als Feigheit. Er hoffte, erwachsen zu werden, ohne je das eine oder das andere zeigen zu müssen, und er schwor, sich später daran zu erinnern. Dann sprach Jacobus ein kurzes Gebet, in dem er Gott höflich darum bat, Gnade walten zu lassen und es ihm zu erlauben, diesen Fleck in der Wüste eines Tages zu verlassen und in der Stadt zu leben. Danach wandte er sich vom Stab ab und folgte seinem Lehrer, im Schlepptau seinen japsenden Klassenkameraden.

Mit dem Ochsenwagen durch Karas

Hans Schinz

Der ungestüme Südwestwind, der sich jeden Morgen zwischen 8 und 9 Uhr einzustellen pflegte, um dann während des ganzen Tages bis kurz vor Sonnenuntergang mit ungeschwächter Wut mit dem losen Sande zu kämpfen, gestattete keine ausgedehnteren Exkursionen; es mussten daher solche stets auf die frühen Morgenstunden verlegt werden. Dieser Umstand, der mich während der Hälfte des Tages ins Haus bannte und mich sogar teilweise zur Untätigkeit verurteilte, ließ mir die baldige Entfernung von Angra Pequena im höchsten Grade als wünschenswert erscheinen, und ich harrte deshalb mit Ungeduld auf eine Gelegenheit zur Weiterbeförderung ins Innere. In den ersten Tagen des November wurden wir durch die Rückkehr des deutschen Generalkonsuls, Dr. Nachtigal, freudig überrascht; der Vertrag mit dem Hottentottenhäuptling von Bethanien war zur gegenseitigen Zufriedenheit abgeschlossen worden, und unser berühmter Gast erwartete nun die Ankunft der Elisabeth, um sodann seine Reise längs der Westküste Afrikas fortzusetzen. Nachtigal fühlte sich bereits leidend, aber dennoch ahnte keiner von uns, die wir begierig den Schilderungen des weit gereisten Forschers lauschten, wie bald dieses reiche Leben einen so jähen Abschluss finden sollte! Mit unverhohlener

Freude empfing er aus meiner Hand einen schriftlichen lakonischen Gruß seines Freundes, des ehemaligen Staatssekretärs und jetzigen Direktors der Neu-Guinea-Gesellschaft, Exz. Herzog. »Na, den werde ich wohl vor Ihnen wiedersehen«, meinte Nachtigal; aber das unerbittliche Geschick hat es anders gewollt.

Am Abend desselben Tages kehrte der Wagen, der uns Dr. Nachtigal gebracht hatte, wiederum zurück, und die dadurch gebotene Möglichkeit, endlich von Angra Pequena wegzukommen, war doch zu verlockend, als dass Dr. Schenk und ich sie nicht sofort benützt hätten. Wir verständigten uns daher sofort mit Herrn Pohle hinsichtlich der weiteren Operationen der Expedition und verließen dann mit seiner Zustimmung Angra Pequena Sonnabend, den 8. November nach Einbruch der Dunkelheit.

Im Laufe der Nacht hatte sich, ohne dass wir dessen gewahr geworden waren, noch eine zweite Karawane zu uns gesellt, und zwar, wie es sich bei Anbruch des Tages herausstellte, die des Bersabaer Schulmeisters Goliath, eines getauften Hottentotten, der für Lüderitz eine Fracht nach der im Innern gelegenen Missionsstation Bethanien zu fahren hatte. Bis Sonntag früh um 9 Uhr kamen wir so leidlich vorwärts, denn über den mehr oder minder harten Felsboden rollte der Wagen anstandslos fort, schwieriger und mühsamer gestaltete sich aber die Überwindung der nunmehr zur Herrschaft kommenden Flugsandregion. Mächtige Sandhügel von 50 und mehr Fuß stellen sich uns entgegen, immer tiefer graben sich die Räder in den lockeren Boden, bis zu den Achsen sinkt der Wagen in den trügerischen Sand ein! Keuchend und schnaubend strengen die Tiere alle Kräfte an, um nur einige wenige Meter vorwärtszukommen; alle paar Wagenlängen muss geruht und dann wieder angetrieben werden. Die Mittagsstunde ist längst überschritten, und doch sind wir seit 9 Uhr keine drei

Kilometer vorgerückt. Eine besonders steile Düne droht uns völlig festzulegen; rasch werden des Schulmeisters Ochsen ausgespannt, den unsrigen beigefügt, und den vierzig Tieren gelingt es nun glücklich, auch diese Barre zu überwinden. Etwas nach 4 Uhr müssen wir uns für heute mit der geleisteten Arbeit begnügen; die erschöpften Ochsen sind der Ruhe im höchsten Grade bedürftig und legen sich, kaum ausgespannt und ohne sich nach Futter umzusehen, sofort nieder.

Von Gras ist übrigens weit und breit keine Spur: Die Charakterpflanze dieser öden Sandwelt ist ein Asclepiadaceenbusch, dessen schwach beblätterte Zweige trostlos aus dem Sande schauen; hie und da finden sich vereinzelte niederliegende Gisekia und Zygophyllum-Rasen. Die wenigen der Flora dieses Litoralgürtels zukommenden Gewächse sind in ihrer Entwicklung vollständig auf die Luftfeuchtigkeit angewiesen; zur Winterszeit, wenn der Nordwestwind die dichten Nebel über Angra wirft, dann ist auch hier der Sand dermaßen durchfeuchtet, dass er an den Wagenrädern haften bleibt, und dies ist dann für die im Boden ruhenden Keime der Moment zum Erwachen, um in möglichst kurzem Zeitraum den ganzen Entwicklungsgang zu durcheilen. Die Fauna ist durch einige wenige Heuschrecken und Käfer vertreten, aber auch diese kommen in nur spärlicher Arten- und Individuenzahl vor.

Am Dienstag wurde vor Sonnenaufgang unser Wagen von den nochmals zu einem Gespann vereinigten vierzig Ochsen über die letzte Düne geschleppt – »gefahren« wäre in diesem Falle eine allzu kühne Bezeichnung – und nun die ganze Tierkarawane zurückgesandt, um den verunglückten Schulmeister zu holen. Diesem war es eigentümlich ergangen. In Angra Pequena hatte Goliath als Vorausbezahlung einen Demijohn Rum erhalten und in eigennütziger Absicht mit Argusaugen das kostbare Nass gehütet. Den feinen Nasen seiner Hottentottenbegleiter war er aber doch nicht gewachsen; diese bemächtigten sich in der Nacht der Flasche und feierten, derweilen Goliath im Wagen schlief, ein fröhliches Festgelage. Erfasst von hochtragender Begeisterung, ging ihnen bald die Herrschaft über Ochsen und Wagen verloren, und der Letztere wurde dann auch glücklich an einer besonders misslichen Stelle zum Sturz gebracht.

Im Laufe des Nachmittags erhob sich ein heftiger Ostwind, der, zum wütenden Sturm anwachsend, uns zwang, die Fahrt bis auf Weiteres zu unterbrechen. Orkanartig tobte der Wind über die Fläche, im tollen Tanz Wolken von Sand emporwirbelnd und wieder ablagernd, alles mit einem und demselben großen Leichentuche überdeckend. Brüllend suchten die Ochsen ihre Nüstern im Boden zu verstecken, und auch uns blieb nichts übrig, als in Decken gehüllt unter den Wagen zu kriechen, denn selbst im Innern desselben fühlten wir uns nicht geborgen. Von der unwiderstehlichen Wucht eines solchen Sandsturmes kann man sich kaum einen Begriff machen – nichts vermag demselben auf die Dauer zu widerstehen. Die Scherbe einer zerbrochenen Flasche, die ich bei dieser Gelegenheit im Sande fand, demonstrierte sprechend die Wirkung der Erosionsarbeit des vom Winde gejagten feinen Quarzsandes; während die im Boden verborgene intakt gebliebene Hälfte jenes Fragmentes bei vollständiger Durchsichtigkeit noch die Dicke von 2,5 mm hatte, war der exponierte Teil matt und kaum noch einen dreiviertel Millimeter dick.

Langsames, von zahlreichen Ruhepausen unterbrochenes Vorrücken ließ uns endlich die landeinwärts von den Dünen sanft ansteigende und weithin übersehbare Hochebene von Guos gewinnen. Die vegetationslose Sandwüste geht damit allmählich in die Stein- oder, bezeichnender ausgedrückt, in die Euphorbienwüste über. Außer den schon an anderer Stelle erwähnten Sarcocaulon- und Salsolasträuchern treten nun plötzlich buschige Euphorbien auf, und zwar in solch überwiegender Zahl, dass sie, als leicht kenntliche Charakterpflanze, dieser Region ein ganz bestimmtes Gepräge verleihen. Aus einem nicht sehr umfangreichen, handhohen Stammstück starren die langen, graugrünen Zweige möglichst senkrecht nach oben, die fingerdicken, schachtelhalmähnlichen Verzweigungen tragen kleine, frühzeitig abfallende Blättchen, und so wird man beim Anblick der oft mannshohen kahlen Büsche unwillkürlich an ebenso viele mit dem Stiel in die Erde gesteckte gewaltige Besen erinnert.

Am Dienstagabend kamen wir nach Sonnenuntergang in die Nähe der ersten Brackquelle. Schon von ferne witterten die nun schon seit fünf Tagen dürstenden und hungernden Ochsen das ersehnte Wasser: Mit hoch erhobenem Kopfe, gestellten Ohren und weit geöffneten Nüstern streben die Tiere, wie neu belebt, kräftig dem Ziele entgegen, und mit doppelter Schnelligkeit wird nun der schwere Wagen durch den lockeren Boden vorwärtsgezogen. Bei einbrechender Nacht war die genannte Wasserstelle erreicht. Der kleine Teich liegt in einem trockenen Flussbette zwischen zwei niedrigen Granitkegeln und ist etwa 15 qm groß; das Wasser ist klar, aber von schwach salzigem Geschmack. Unmittelbar über der von einem kurzen Rasen umrahmten Quelle fand sich auf einem Felsvorsprung ein schwächliches Exemplar einer Acacia horrida, das erste Bäumchen, das mir seit der Abreise von Kapstadt zu Gesichte kam! Da die Brackquelle zur Tränkung unserer vielen Ochsen einen zu geringen Wasservorrat besaß und überhaupt den Tieren nicht zu gefallen schien, so wurde früh am Morgen wieder aufgebrochen und nach dem nur vier Stunden entfernten Guos gefahren, wo wir uns und den Ochsen eine zweitägige Rast gestatteten.

Bei der Schutztruppe

Wilhelm Mattenklodt

Die Steppe bebt unter dröhnenden Donnerschlägen. Grell leuchten die Blitze durch die rabenschwarze Nacht. Für Sekunden springen aus der Finsternis ferne Bergspitzen hervor, fantastisch glänzen Büsche und Bäume, und gespensterhaft tauchen langhörnige Ochsen auf. Regenfluten stürzen hernieder, und der Boden bedeckt sich mit fließendem Wasser.

Mit genauer Not war es uns noch gelungen, die Wagen auf einer Lichtung im Dornbusch aufzufahren, die Ochsen auszuspannen, sie an die Treckketten zu binden und die Wagenplanen über die Frachten zu ziehen, da war das Unwetter losgebrochen. An der Seite eines der drei mächtigen Ochsenwagen saßen wir nun unter dem Vorzelt am wärmenden Feuer: drei Herero und ihnen gegenüber auf unseren Deckenbündeln meine weißen Gefährten und ich. Die Herero hockten an der Erde. Ihre langen Arme hatten sie um die in zerlumpten Hosen steckenden Knie geschlungen. Über die vorgehaltenen Hände weg sahen sie in das flackernde Feuer. Ihr Hauptinteresse schien der brennenden Pfeife zu gelten, die von Mund zu Mund wanderte. Wer geraucht hatte, blies die letzte mächtige Rauchwolke durch Mund und Nase zugleich, spuckte durch die Lücke der beiden spitz gefeilten oberen Schneidezähne kurz aus, rieb zwischen Zeigefinger und Daumen der einen Hand das Mundstück trocken und hielt die Pfeife am Stiel seinem Nebenmann hin. Auch meine weißen Gefährten, zwei lange, bärtige Buren, hatten ihre kurzen Pfeifen in Brand gesetzt, und der ältere erzählte, während der Regen auf das Zeltdach niederprasselte, von früheren Fahrten durch wasserloses Feld. Bis auf Bruchstücke konnte ich seinen Worten mühelos folgen, denn seine Sprache klang nicht unähnlich der plattdeutschen Mundart meiner Heimat Westfalen. Das erhabene Naturschauspiel schien sie sowohl wie die Herero wenig zu berühren.

Wie ganz anders wirkte das Toben der entfesselten Elemente auf mich, der ich noch ein Neuling im Lande war. Mit Staunen sah ich rundumher das Heer der Blitze die Wolkenbänke durchzucken, sah sie züngelnd zur Erde fahren, sah die Regenmassen vom Himmel stürzen, in denen mit gekrümmtem Rücken die Ochsen standen. Erschauernd unter der Stimme des brüllenden Donners, fühlte ich, dass der Mensch nichts bedeutet im Spiele der Urkräfte.

Es blitzte und donnerte unaufhörlich, und dann kam noch ein letzter, harter, knatternder Schlag, dass ringsherum die Erde erzitterte und der Himmel und der ganze Busch in Flammen standen. – Über uns fort zog das Wetter. Schnell hörte dann der Regen auf, die Wasser im Grase verliefen sich, und bald drang nur aus der Ferne noch ein dumpfes Grollen herüber.

Die Wolken waren vergangen, vom Himmel leuchteten die Sterne in unvergleichlicher Pracht. Lange lag ich noch wach auf meiner Decke, längs des Feuers ausgestreckt, und sah zu dem strahlenden Lichterglanz auf, in dem in leuchtender Klarheit das südliche Kreuz, das Wahrzeichen des neuen Landes und Lebens, stand. Afrika hatte mich aufgenommen.

Mit zweiundzwanzig Jahren war ich von Deutschland fortgezogen, um in Deutsch-Südwestafrika eine neue Heimat zu suchen, und vor einer Woche in Swakopmund gelandet. Das kleine, schnaubende Dampfross mit den ratternden Wägelchen hatte mich und die übrigen Reisegefährten durch die ansteigende gelbe Wüste der Namib ins vegetationsreichere Innere entführt. Durstig hatten meine Augen jeden neuen Eindruck aufgenommen: die Grasflächen, die Dornwälder, die immer reicher bewachsenen Berge, das Vieh auf der Weide und die an der Bahn arbeitenden Herero mit den wilden Gesichtern. Die letzten Strahlen der untergehenden Sonne waren auf den Zacken des Auasgebirges verglüht, als der Zug am dritten Tage in das an seinem Fuße gelegene Windhuk einfuhr, die Hauptstadt des Landes. Mein erster Gang am nächsten Morgen war hinauf zur Feste gewesen, um mich beim Kommando der Schutztruppe zur Ableistung meiner pflichtmäßigen beiden Übungen zu melden. Dort war mir der Bescheid geworden, dass ich schon in zehn Tagen bei der zehnten Kompanie in Okanjande eintreten könnte. So konnte ich hoffen, während der sechzehn Wochen etwas vom Lande kennenzulernen ohne eigene Ausgaben. Dieses war wesentlich, denn gegen die Verhältnisse daheim war hier alles mehrfach teuer. Mit dem Zug war ich nach Okahandja zurückgefahren und hatte das Glück gehabt, dort die Buren anzutreffen, die gerade mit ihren Ochsenwagen über die Farm Onjati nach Otjiwarongo fahren und mich mitnehmen wollten. Von dort konnte ich leicht nach Okanjande gelangen.

Zwischen den Dornbüschen hin schlängelte sich der sandige Weg, die Pad. Die Ochsen hatten schwer zu arbeiten, um die ungefügigen Wagen mit der Fracht vorwärtszuziehen, zwanzig Ochsen zählte die Bespannung jedes Wagens. Paarweise gingen sie hintereinander in ihren hölzernen Jochen, die in ihrer Mitte an der von der Deichselspitze bis zum Vorjoch durchlaufenden Treckkette befestigt waren. Vermittelst eines Kehlriemens und zweier Jochscheite waren sie mit ihren Nacken hierin eingespannt. An der Deichsel gingen besonders kräftige Tiere, die Achterochsen. Während sie und die vor ihnen gehenden die Aufgabe hatten, den Wagen bei Biegungen im Wege, deren Ursachen meist Bäume, Felsen oder Löcher waren, an den gefährlichen Stellen vorbeizubringen, mussten die Vorochsen dem Gespann den Weg weisen. Der Treiber ging, die lange Peitsche (die »Schwipp«) in den Händen, an der Seite der langen Ochsenreihe und trieb das Gespann durch Zuruf und Peitschenknall an. Jeder Ochse hatte seinen bestimmten Namen und hörte auf ihn. Manchmal kamen wir durch ausgetrocknete, tief sandige Flussbetten (Riviere), und die Ochsen hatten ihre ganze Kraft aufzubieten, um die schwere Stelle zu überwinden; da wurde es mir klar, weshalb die Gespanne zwanzig Tiere stark sein mussten.

Zum ersten Male lernte ich hier das »Trecken« mit dem Ochsenwagen und das echte Padleben kennen. Die hohen altgermanischen Gestalten der Buren, wie sie so sicher mit ihren schweren Frachtwagen durch das menschenleere unwegsame Land fuhren, ihr herrenmäßiges Auftreten gegenüber den Schwarzen und ihre ruhige, verständige Behandlung der Zugtiere erfüllten mich mit Bewunderung und Begierde, das alles auch einmal so zu lernen. Nach drei Stunden wurde ausgespannt; die Ochsen weideten in der Nähe der Wagen; das wurde ein Treck genannt. Mit drei Trecks von Okahandja aus hatten wir die erste Wasserstelle Otjozasu erreicht und die Ochsen getränkt. Dort wohnte ein alter Afrikaner, Herr Melchior, der einen Kaufladen (Store) hielt und sich mit Bienenzucht beschäftigte. Auf der Weiterfahrt kamen wir über die Gefechtsfelder von Okatumba und Owiumbo vom Hereroaufstand her und grüßten in der einsamen Buschsteppe die schlichten Gräber der gefallenen Landsleute. Mehrmals berührten wir das breite Swakop-Rivier mit seinen immergrünen, mächtigen Akazienbäumen. Dichtes, nahrhaftes Gras stand überall verstreut auf kleinen Flächen und zwischen den Dornbüschen. Auf dieser Fahrt schoss ich mein erstes Wild: eine kleine Antilope und mehrere Sand- und Perlhühner.

Bald darauf erreichten wir die Farm Onjati. Das Farmhaus lag in einem Walde von herrlichen alten Akazien. Es war Abend geworden, und große Rinderherden wurden von den Viehwächtern gerade zum Kraal getrieben. Ich hatte in Okahandja gehört, dass ein Landsmann von mir, Herr von Werthern, auf Farm Okatjemise, nur drei Kilometer von Onjati entfernt wohnte, und ging hin, um ihn zu begrüßen. Er war zu Hause und freute sich sehr, etwas von der Heimat zu hören. Ich blieb die Nacht über bei ihm, und er lud mich ein, nach Ablauf meiner Übungszeit wiederzukommen, wenn ich bis dahin noch keinen festen Plan über meine Zukunft gefasst hätte.

Am achten Tage unserer Fahrt kamen wir durch eine große Grassteppe und zogen an zwei spitzen Bergkegeln vorüber, die ich schon in hundert Kilometer Entfernung von der Höhe eines Berges aus gesehen hatte. Das Auge reicht in diesem Lande in weite Fernen, und das Nahe wie das Ferne stehen haarscharf in der dünnen, klaren Luft. Bald darauf fuhren wir in Otjiwarongo ein, einem kleinen Orte von wenigen Häusern an der Otavibahnlinie.

Hier verabschiedete ich mich mit aufrichtigem Dank von meinen Gefährten und machte mich zu Fuß nach dem zwölf Kilometer entfernten Okanjande auf.

Wie staunte ich, als sich plötzlich vor mir der Busch öffnete und auf einer kleinen Anhöhe ein Zeltlager den Blicken freigab. Die zehnte Kompanie war noch nicht lange dort und arbeitete am Aufbau der Station. Nach der Vorstellung beim Hauptmann wurde mir ein Zelt angewiesen und erhielt ich meine Einkleidung als Schutztruppler. Das Reiten erlernte ich in der Reitbahn zusammen mit den Rekruten. Nach acht Tagen war ich so weit, dass ich schon einigermaßen im Sattel sitzen konnte. Von den Unteroffizieren wie den Mannschaften waren viele mit im Herero- und Hottentottenaufstand gewesen.

Eine Woche nach meinem Eintritt, am 21. Dezember 1908, wurden wir freudig überrascht durch den Befehl, dass die zehnte Kompanie sofort zum Süden abrücken sollte, da dort wieder zehn Weiße einer Hottentottenbande zum Opfer gefallen seien, die aus dem englischen Gebiet herübergekommen war. Zehn Stunden später saßen wir bereits in der Bahn, und unter strömendem Regen fuhren wir die Nacht hindurch noch nach Swakopmund, wo uns am nächsten Morgen der Schlepper bei haushohem Seegang zum weit draußen liegenden Dampfer zog. Unter den Klängen der Schiffskapelle ging es hinaus auf die wogende See. Lüderitzbucht erreichten wir am nächsten Tage und wurden auf einer öden Insel, der Haifischinsel, untergebracht, wo wir den Heiligen Abend verlebten. In den Weihnachtstagen lagen wir auf der Bahn und fuhren über die Sanddünen der südlichen Namib nach Keetmanshoop. Hier empfingen wir Pferde und Maultiere. In der Silvesternacht ritten wir unter Glockengeläut hinaus in das Feld.

Wir ritten mit kleinen Ruhepausen die ganze Nacht hindurch und hatten morgens um 10 Uhr an der Wasserstelle Tses einhundert Kilometer hinter uns. Fünf Wochen lang ritten wir im Lande umher. Meilenweit dehnte sich die mit Grasbüscheln und niedrigem Dornbusch bestandene Steppe bis in die fernsten Fernen. Steile Tafelberge stiegen unvermittelt aus der Ebene empor. Ganz fern, etwa einhundertzwanzig Kilometer weit, erhob sich, in blauen Dunst gehüllt, die gewaltige Felsenmasse des Großen Bruckaros. Oben auf dem Berge stand eine Signal-Abteilung, die uns allnächtlich die Befehle des Hauptquartiers herüberfunkte. Vom Feinde sahen wir zwar nichts, er wurde von einer östlich vorgebenden Kompanie im Gefecht gestellt und gefangen, aber schön war es trotzdem, dieses Reiterleben auf dem Kriegspfade in dem menschenleeren, wunderlichen Lande. Nachts wurde geritten, am Tage war Ruhe. Dann empfingen wir am Proviantwagen unsere Tagesration: Mehl, Reis, Konserven, Dörr-Kartoffeln, Zucker, Kaffee, Tee und anderes mehr, und das Lagerleben begann. Brot wurde gebacken, Kaffee geröstet und gekocht, dazu ein Reiterlied gesungen, über Mittag im Schatten der Bäume geruht, und so verging die Zeit bis zum Abend, wo die Pferdewache die Tiere von der Weide brachte. Dann nahm jeder Reiter Gewehr, Patronengurt und Zaumzeug, fing sein Pferd ein und führte es zur Wasserstelle. Nach dem Tränken wurde wieder gesattelt, und weiter zog die Kompanie durchs weite, weite Land.

Aber es gab auch anderes, das weniger erfreulich war. Schon drei Jahre lang hatte es im Süden der Kolonie wenig oder gar nicht geregnet. Auf Kilometerweite zu beiden Seiten des Weges hatten die Pferde und Ochsen von früheren Kolonnen in den Kriegsjahren des Hottentottenfeldzuges alles Gras kahl abgeweidet. Am Wege lagen die gebleichten Gerippe gefallener Reit- und Zugtiere, die vor Hunger und Erschlaffung liegen geblieben waren. Wir mussten unsere bedauernswerten Tiere bis zu acht Kilometer weit seitwärts des Weges auf die Weide treiben, ehe wir die ersten Grasbüschel erreichten, und auch bei unseren treuen Gefährten hielt der Tod seine Ernte. Die genügsamen kleinen Afrikaner-Pferde wurden trotz ihrer zähen Ausdauer immer schlaffer, und eins nach dem andern brach schließlich entkräftet zusammen. Eine mitleidige Kugel war dann ihr bitterer Lohn für die bewiesene Treue.

Das weite Land dürstete nach Regen. Als jetzt die ersten Gewitterstürme über die Steppe brausten, ging ein Zauber durch die ganze Natur. Der Dornbusch, der die Trockenzeiten besser übersteht, war ja schon längst grün, aber nun bedeckte sich auch die ausgedörrte, magere Steppe fast über Nacht mit einem smaragdgrünen Teppich, überall aus dem Boden schossen die feinen Gräser hervor. Antilopen und Strauße hatten wir vordem kaum bemerkt, jetzt standen sie häufig im Gelände, und es war, als ob die kleinen Vögel noch einmal so lustig geworden wären.

Während der Proviantausgabe am Nachmittag an der Wasserstelle Fahlgras, wo der berühmte Hottentottenhäuptling Hendrik Witbooi gefallen war, brach plötzlich ein furchtbares Unwetter los. Binnen einer halben Stunde war die Ebene, in der wir lagerten, zum See geworden. Kurz darauf hörten wir unter dem Proviantzelt, wohin wir uns geflüchtet hatten, ein dumpf donnerndes Brausen, das Fahlgras-Rivier »kam ab« – so wird das durch Regenmassen verursachte plötzliche Fließen eines Trockenflusses genannt. Sich fortwährend überstürzend, kam mit Windeseile eine anderthalb Meter hohe dröhnende, schäumende Wassermasse angeschossen. Das vorher trockene Flussbett war in wenigen Minuten zu einem reißenden Flusse geworden. Nass und frierend habe ich diese Nacht auf einer kleinen Insel im See verbracht. Als es hell wurde, hatten sich die Wasser aber alle schon verlaufen, und gegen Mittag verrieten selbst im Rivier nur die Wellen im trockenen Sande noch, dass hier vor wenigen Stunden erst wirkliche Wogen entlanggetanzt waren.

Nach fünf Wochen zogen wir wieder in Keetmannshoop ein, gaben unsere abgetriebenen Pferde und Maultiere an das Depot ab, setzten unsere Ausrüstung instand, und eines Tages saßen wir wieder auf der Eisenbahn und rollten der Küste zu. Diesmal passierten wir das tief in die Felsen eingeschnittene und mit hohen grünen Bäumen umsäumte Bett des großen Fischflusses bei Tage. Weit im Süden stiegen die Tafelberge der Huib-Hochebene auf, näher zur Bahn lagen die wild zerklüfteten Kleinen Karrasberge, die ebenso wie die Großen Karrasberge im Hottentottenfeldzug eine bedeutsame Rolle gespielt haben. Rundherum und zwischen den Bergen hindurch erstreckte sich in unabsehbare Fernen die grüne Gras- und Dornbuschsteppe, nur hier und da durch ein Farmhaus und durch Rinder- und Schafherden belebt. Von Lüderitzbucht ging es zu Schiff nach Swakopmund und weiter mit der Otavibahn nach unserer Bahnstation Otjiwarongo.

Aber wie hatte sich in den zehn Wochen unserer Abwesenheit das ganze Land verwandelt! Wie ein Wunder schien es uns! Dank der starken Regengüsse, von denen der Norden und die Mitte noch viel mehr abbekommen hatten als der Süden, prangte die vorher so ausgedörrte Steppe im üppigsten Grün. Je weiter wir zum Norden kamen, umso reicher und höher wurde die Vegetation. Die Grasfülle war ohnegleichen, das Vieh auf der Weide glänzte vor Fett, Okanjande war in seinem grünen Schmuck kaum wiederzuerkennen. Unser Exerzierplatz hatte sich in ein dichtes Grasfeld verwandelt, und selbst in unseren Zelten bedeckte ein dichter grüner Naturteppich den Boden.

Wir gingen jetzt mit Eifer an den Aufbau der Station und leisteten in der Hauptsache Arbeitsdienst. Es wurden Backsteine gemacht, Kalk gebrannt, Pfähle im Busch geschlagen und ein großes Stallzelt eingerichtet, da unsere Pferde und Maultiere bisher nachts nur in Dornen-Kraalen gestanden hatten. Die Tiere machten uns viele Sorgen, denn die Regenzeit war die größte seit Menschengedenken. In ihrem Gefolge trat die gefürchtete Pferdesterbe auf, eine unter Pferden und Maultieren in ganz Südafrika bekannte rätselhafte Krankheit, an der wir den dritten Teil unserer Reit- und Zugtiere einbüßten.

Eines Tages gab es einen Patrouillenritt nach Osondjache, vierzig Kilometer östlich Okanjandes. Hierher in die Berge war ein Teil unserer Pferde auf Sterbeposten verbracht worden, denn in dem hoch gelegenen Gelände waren sie der gefährlichen Krankheit weniger ausgesetzt. Am Abend erkletterten wir den höchsten Berg, und unser Führer erklärte uns das Gelände. Wir genossen einen herrlichen Anblick. Unter uns und rundumher grüner Busch und schimmernde Grasflächen, durch die sich weiße Bänder schlängelten, die Sand-Riviere. Ein schmaleres, rotes Band führte in Windungen nach Osten; die Pad nach Waterberg. Auf einer Lichtung im Busch hart an der Pad erhob sich in einiger Entfernung ein großer Stein wie ein Denkmal: Dort fiel im Hererokrieg und schlummert jetzt die Patrouille v. Bodenhausen. Weiter schweifte der Blick über die Grasfluren und Buschwälder hinüber nach Osten, und wie gebannt hingen die Augen an dem gewaltigen Sandsteinmassiv des Waterberges, vor dessen Südwand sich das stolze Volk der Ovaherero zusammenzog zum letzten Verzweiflungskampf für die Freiheit. Die Vergangenheit mit ihren Schauern umwehte uns. Dunkel überschattete der Abend das Gefilde. Jetzt kletterte er am Fuß des Waterberges hoch. Wie Feuer leuchtete der rote Sandsteinrand, und wie ein Feuermeer vor der sinkenden Sonne erglühten nun die Wolkenmassen im Westen. Da dachten wir an den Aufbruch, stiegen vom Berg herab und sattelten unsere Pferde …

Gegen Ende der Übungszeit bekam ich durch einen Farmer im Bezirk Grootfontein Nachricht, dass eine Farm in seiner Nähe, die einem Buren gehörte, zu verkaufen sei. Ich nahm daher Urlaub und fuhr mit der Bahn nach Grootfontein-Nord, der Endstation einer Abzweigung der Otavibahn. Die Gegend wurde immer schöner, Buschwälder und Grasebenen wechselten miteinander ab. Von Otavi aus fuhr der Zug dauernd zwischen zwei romantischen, bewaldeten Bergketten hin, die sich zu einem weiten Tale öffneten und endlich ganz zurücktraten. Eine riesige Ebene tat sich auf, und anmutig auf einer Anhöhe gelagert, grüßten uns die weißen Häuser von Grootfontein. Der Ort inmitten der reizenden Landschaft machte den besten Eindruck. Ganz überrascht war ich jedoch, als ich nun mit einem Ochsenwagen in die Grassteppe hinausfuhr und die ersten hohen Palmen sah. Ja, das war Afrika, so wie wir's in unsern Knabenträumen gesehen hatten. Immer weiter hinein ging es nun in dieses wundervolle Land. Die Palmen mehrten sich; in weiten Zwischenräumen standen sie einzeln oder in Gruppen; Buschwälder durchzogen die Gras- und Palmensteppe, und Herden von wilden Straußen bevölkerten sie.

Siedler gab es in diesem Gebiete erst wenige. Die meisten Farmen waren im Besitz von Buren. Am zweiten Tage kam ich zur Farm Leipzig, die verkauft werden sollte. Unter Palmen erhob sich ein einfaches Farmhaus. Der Besitzer, Herr Grobler, war mit Frau und Kind daheim. Gastfrei nach Burenart wurde ich aufgenommen. Grobler, der nach dem Burenkriege aus Transvaal ausgewandert war, wollte wieder in seine Heimat zurück. Am nächsten Morgen fuhren wir zusammen hinaus, um die Farm zu besichtigen. Sie war 5000 Hektar groß und gefiel mir außerordentlich. Mit sechzig Rindern, vierzig Schafen, mit Enten und Hühnern sollte sie 16 000 Mk. kosten. Der Preis war selbst für die damalige Zeit niedrig. Ich schloss den Kauf ab und vereinbarte mit Grobler die Übernahme am 1. Juli 1909. Die Zwischenzeit beschloss ich, bei von Werthern auf Otatjemise zu verbringen, denn meine Übungswochen gingen zu Ende.

Die Vermessung des Landes

Gerhard Seyfried

12. März (Samstag)

Die beiden Lokomotiven müssen sich mächtig anstrengen. Die Heizer schaufeln, was das Zeug hält, die Auspuffschläge wummern, und gewaltige Rauchmassen quellen aus den Schornsteinen, aber der lange Zug wird doch immer langsamer. Man könnte schon in aller Gemütsruhe nebenherschlendern. »Gleich wirds heißen: Absteigen und schieben!«, ruft ihm der Sanitätsgefreite durch das Geratter ins Ohr. Ettmann nickt nur. Er sitzt mit dem Mann auf einem mit Hafersäcken hoch beladenen Waggon. Die Säcke sind mit einer Plane abgedeckt, und darauf sitzen sie, breitbeinig, die Stiefelsohlen gegen die Bordkante gestemmt und eine Hand um das Seil gekrallt, das die steife Plane niederhält, in der anderen das Gewehr. Beinahe den ganzen Tag hat er so verbracht, morgens um acht Uhr waren sie in Okahandja losgefahren, und jetzt muss es bald drei sein. Dabei ist heute sein Geburtstag! Jetzt ist er vierunddreißig Jahre alt und bereist Afrika, mit dem Gewehr in der Hand.

Der Zug ist vierzehn Wagen lang, beide Lokomotiven ziehen vorne. Es sind keine Zwillinge, sondern vierachsige Maschinen, sogenannte Bullen. Der Zug transportiert in der Hauptsache Hafer, aber auch Proviant, Lokomotivkohle und viele Rollen Stacheldraht. Ein Wagen ist ganz mit himmelblau lackierten kleinen Wasserfässchen aus Blech beladen. Auf jedem zweiten Waggon sitzen ein oder zwei Soldaten als Eskorte, allesamt Leute, die ohnehin nach Windhuk müssen. Der Wagen schwankt und ächzt, die Kuppeleisen quietschen. Das schmale Feldbahngleis führt von Norden her nach Windhuk hinein, begleitet von Telegrafendrähten. Sie sind schon auf der Steigung von Pokkiesdraai, rechts zieht sich der helle Sandstreifen des Windhuk-Riviers entlang. Im Schneckentempo kämpft sich der Zug jetzt die letzten Meter hinauf, dick hängt der braune Qualm über den Waggons, Rußbrocken rieseln auf Ettmann herunter, und der Sanitäter neben ihm hustet und schimpft. Endlich erreicht der Zug den Scheitelpunkt, nur mit Mühe und Not, wie Ettmann scheint. Ganz allmählich wird er wieder schneller, das Rollgeräusch der Räder wird lauter, und vorn blasen die Sicherheitsventile der Lokomotiven ab, die auf der Steigung überfeuert worden waren.

Nun geht es flott dahin, immer geradeaus, munter klacken die Räder auf den Schienenstößen. Links zieht sich die grünbraune Kette der Erosberge, Büsche und Akazien streifen vorbei, ganz nah geht es am Rivier entlang, nur Sand darin mit ein paar fast eingetrockneten Pfützen, gelbes Schilfgras und Binsen am Rande, und ab und zu spreizt ein krummer Baum seine Äste wie tastende Finger nach allen Seiten. Eine Eingeborenensiedlung: ein paar Pontoks, ein windschiefer Wellblechunterstand, außer ein paar Kindern, Hühnern und Ziegen ist niemand zu sehen; ein armseliges Bild.

Von den Lokomotiven kommt ein heiserer Warnpfiff, mit höllischem Gepolter geht es schlingernd auf niedriger Bohlenbrücke über das Rivier und dann weiter geradeaus. Links der breite Fuhrweg kommt näher heran, ein Haus, ein Zaun, eine Pferdekoppel ohne Tiere, noch ein Haus, graue Wellblechdächer über grünen Akazien. Abfall liegt nahe dem

Gleis herum, rostige Blechdosen, ein durchlöcherter Wasserkessel, Flaschen und Scherben. Langsamer werdend, rumpelt der Zug über ein paar Weichen, an Schuppen vorbei, an Stapeln von Gleisjochen entlang. Rechts ein Lokschuppen, zwei Loks qualmen davor, ein Wassertank, Kohlenbansen. Ettmann, hin- und hergeschüttelt, sieht von seinem Platz aus eine schmutzige Hand aus dem Führerhaus der vorderen Lok nach dem Glockenstrang greifen: Ting–ting-ting scheppert es, es geht in den Bahnhof.

Der Zug kommt quietschend und klirrend auf einer weiten Sandfläche zum Stehen. Es ist drei Uhr nachmittags. Niemand ruft: »Windhuk, alles aussteigen!« Es herrscht Kriegsbetrieb, und dies ist nur einer von vielen Militärzügen.

Ettmann klettert steifbeinig vom Waggon herunter. Er hängt sein Gewehr um, noch halb betäubt von dem Krach und der endlosen Rüttelei. Er schwingt sich den Sack mit seinen Sachen über die andere Schulter, klemmt die dicke Kladde unter den Arm und sieht sich um. Ein flaches Tal, zu beiden Seiten Hügel, braun und grün gesprenkelt, niedrige Backsteinbauten, das ist der erste Eindruck. »Soll das der ganze Bahnhof sein?«, fragt der Sanitäter, Erstaunen in der Stimme. Nach dem stattlichen Bau in Swakopmund ist der Bahnhof der Hauptstadt enttäuschend. Es ist nur eine, obendrein ziemlich kleine, Baracke aus vorgefertigten Holzteilen. Über dem Dach ist mit einem halben Meter Abstand ein zweites sogenanntes Tropendach errichtet. Dadurch soll es im Inneren kühl bleiben.

Schwarz-weiß-rot gemalt ringelt sich der übliche Flaggenmast in die Höhe. Der Bahnhofsvorplatz wird von sechs Ligroinlampen erleuchtet; in Friedenszeiten, als ein Mal pro Woche der Personenzug fuhr, wartete hier jeden Dienstagabend ein Wagen des Hotels »Stadt Windhoek« auf Gäste. So steht es auf der Tafel gleich neben der Bahnhofsbaracke.

Ettmann sieht nirgendwo etwas zu trinken, keine Bahnhofsrestauration, keinen Brunnen, keinen Händler. In seiner Feldflasche ist nur noch der warme, schale Rest, den man für einen Notfall aufspart. Der Eskortenführer, ein Vizefeldwebel namens Schmidt, meldet sie beim Bahnhofsvorsteher, und der mustert sie alle zehn mit strengem Blick. Er bietet ihnen auch nichts zu trinken an, sondern schickt sie zur Feste hinauf, zur Meldung beim Schutztruppenkommando. Über die Gleise und den sandigen Vorplatz folgt Ettmann mit dem Sanitäter den anderen auf die breite Haupt- oder Storestraße, die direkt nach Süden führt. Die Straße ist ein Sandweg, vielleicht dreißig Meter breit, grauweiß und staubig. In ihrer Mitte verläuft ein Feldbahngleis, am linken Rand reihen sich Telegrafenstangen. Rechter Hand haben sich Handelsfirmen niedergelassen, eine nach der anderen, die ganze Straße entlang. »Mertens & Sichels« ist im Vorbeigehen an den Fassaden zu lesen und »August Schmerenbeck«, »Wecke & Voigts«, »Carl Wulff & Co.«. Weit auseinander stehen die Stores, wohl weil sie für ihre Fuhrwerke große Höfe brauchen, vermutet Ettmann. So ein großes Frachtgespann mit zwanzig Ochsen ist seine fünfzig Meter lang und kann nicht rückwärtsfahren, es muss eine Menge Platz zum Wenden haben.

Es tut gut, nach der langen Zugfahrt zu laufen, und Ettmann, zum ersten Mal in der Hauptstadt, schreitet munter aus und schaut sich neugierig um. Das ist keine Stadt, wie er sie aus Europa kennt. Keine hohen Miets- und Geschäftshäuser, kein Pflaster, keine Gehwege, keine Straßenbahn. Der Charakter ist eher der eines großen Brandenburger Dorfes; rote Ziegelbauten, graugrüne Bäume, graugelber Sand. Ein warmer Wind weht und bläst weiße Kalkstaubwolken die Straße entlang. Die soll seit 1901 von Amts wegen Kaiser-Wilhelm-Straße heißen, aber alle Welt sagt nach wie vor Storestraße. Vielen Leuten begegnet er nicht. Zwei Baster in deutschen

Uniformen führen drei schwer bepackte Esel, ein paar Namafrauen gehen mit ihren Kindern auf einem Feld zwischen den Stores, ein alter Mann sitzt vor einem Haus in einem Lehnstuhl und schläft.

Nach Süden gehen sie, er und der Sanitäter, bis sie ans Postamt kommen. Das ist ein langer, roter Backsteinbau mit einer hoch liegenden Verandafront, durch einen höheren Mittelbau unterbrochen. Auf dessen Dach laufen in einem Holzgestell, dem Kabelturm, Dutzende von Telefon- und Telegrafendrähten zusammen. Ebenfalls auf dem Dach ein Mast für das Postsignal. Ettmann hat schon davon gehört: Blaue Flagge heißt »Heimatpost angekommen«, und rote Flagge heißt »Postschluss für Europa«. Augenblicklich ist der Mast ohne Fahne.

Noch weiter südlich, nach etwa siebenhundert Metern, weitet sich die Straße zum Ausspannplatz für Ochsengespanne: Von hier an wird sie zur Pad nach Rehoboth und führt weiter bis Keetmannshoop und endlich über den Oranje in die Kapkolonie der Briten hinein. Bis zum Oranje sind es auf Ettmanns Übersichtskarte von Südwest mehr als achthundert Kilometer.

Nach links hin ziehen sich Häuser den lang gestreckten Höhenzug empor, der Groß-Windhuk von Klein-Windhuk trennt. Die meisten Gebäude sind in rotem Backstein ausgeführt und mit Wellblech gedeckt. Eine Vielzahl kleinerer Häuser ist aus ungebrannten Lehmziegeln oder ganz aus Wellblech errichtet. Breit, sandig und staubig sind die Wege, gesäumt von Drahtgeflechtzäunen, Bäumen und Gebüsch, am Rand liegen weggeräumte Steine und Felsbrocken.

Ettmann muss sich beim Schutztruppenkommando melden. Das ist natürlich in der Feste untergebracht, die schon von Weitem zu sehen ist. Er und der Sanitätsgefreite lassen sich Zeit, die anderen sind schon ein gutes Stück voraus.

Gleich beim Postamt und unterhalb der Feste, am Hang, der sich zu ihr hinaufzieht, liegt der Truppengarten mit dem

1897 errichteten Denkmal für die in den Kämpfen gegen Hendrik Witboois Krieger gefallenen Schutztruppenreiter. Das Denkmal ist ein mannshoher Obelisk, gekrönt von einem goldenen Adler und von einem schmiedeeisernen Zaun umgeben. Rundum sind Eichen und Oleanderbäume gepflanzt, und ein wenig weiter hangabwärts plätschert ein rundgefasster Springbrunnen. Der Schatten und das glitzernde Wasser locken Ettmann und seinen Begleiter an. So gehen sie hin, setzen Sack und Gewehr für einen Moment ab und trinken einen Schluck, klatschen sich Wasser in die erhitzten Gesichter und füllen ihre Feldflaschen auf.

Die Feste ruht auf einem Fundament aus rohen Feldsteinen und ist aus Lehmziegeln um einen großen Innenhof gebaut, an jeder Ecke steht ein gedrungener und von Zinnen gekrönter Turm. Die Türme sind vierkantig und ungleich hoch. Über die der Stadt zugewandten Front mit dem Eingangstor erstreckt sich eine lange Veranda, davor ist eine Reihe von ganz jungen Bäumchen gepflanzt. Auf dieser Veranda, vor dem Eingang, steht der Posten, Gewehr bei Fuß, der sie gelangweilt mustert und nichts von ihnen will. Also gehen sie durch den gepflasterten Torweg in den Innenhof. Dort weht vom Mast die schwarz-weiß-rote Fahne des Auswärtigen Amtes mit dem Reichsadler in der Mitte. Niedrige, wellblechgedeckte Schuppen lehnen sich an die Innenseite der Ummauerung, darin sind Unterkünfte, Werkstätten, Ställe und Lagerräume untergebracht. Dort, wo die Sonne hinscheint, sind Segeltuchblenden vor die Fenster gehängt. Ein rund eingefasster Brunnen in der Mitte. Ein Schilderhäuschen steht da, frisch zusammengezimmert, aber noch nicht in den Reichsfarben angestrichen. Es soll wohl vor der Feste aufgestellt werden, nach europäischer Manier, als Wetterschutz für den Posten. Hier im Hof und unbemalt sieht es aber aus wie ein absurd enges Aborthäuschen.

Ein Sattler mit zwei Gehilfen arbeitet im Schatten an Geschirren, die auf dem kahlen Boden ausgebreitet sind, und scheinbar auch an einem Dutzend Knobelbecher, die paarweise wie unsichtbare Soldaten in Reih und Glied stehen. Eine Feldschmiede ist unter einem offenen Vordach aufgebaut, Amboss, Blasebalg, ein roher Holztisch mit Schraubstock, ein Feuer rußt in einem kleinen Mauerofen. Da dengelt ein Mann im Schurzfell auf einem Fassreifen herum, den ein schwarzer Junge mit der Zange festhält. In einer Ecke hocken ein paar Soldaten und klopfen Skat auf einer Proviantkiste. Zwei schmächtige Hottentottenburschen schleifen einen schweren Sack aus einer Tür und werden prompt angebrüllt: »Tragen sollt ihr den, ihr Armleuchter, und nicht im Dreck hin- und herzerren! Mein Gott!«

Der Sanitäter muss sich beim Truppenarzt melden. »Auf Wiedersehen, Herr Kamerad!«, sagt er und schüttelt ihm die Hand. Ettmann klopft an die Tür mit der Aufschrift »Wachstube« und wartet, bis drinnen »Herein!« geschrien wird.

Offizier vom Dienst ist ein älterer Oberleutnant mit einem kurz gestutzten Schnurrbart und beinahe kahl geschorenem Kopf. Seine Mütze hat er auf dem Schreibtisch liegen und den Waffenrock aufgeknöpft.

Ettmann reicht ihm seinen Militärpass und das Schreiben von Major v. Estorff. Der Oberleutnant setzt sich eine Drahtgestellbrille auf die Nase und liest laut: »Übersende hier Kopiensatz eins und zwo Operationsskizzen zur Hinterlegung bei Kommandantur Windhuk und Weiterleitung an Generalstab Berlin. Unteroffizier Ettmann beauftragt mit Überarbeitung Operationskarten. Exemplare sind ihm in gewünschter Anzahl auszuhändigen. Auch sonstige Unterstützung zu gewähren. Aha. Soso.« Seine Stimme verliert sich in Gemurmel. Jetzt blickt er auf und fasst Ettmann genauer ins Auge. »Der Herr Major empfiehlt hier für später Ihre

Verwendung beim Vermessungstrupp! Sind Sie denn Landvermesser?«

Ettmann antwortet: »Kartenzeichner, Herr Oberleutnant!«

»Tja«, sagt der Oberleutnant, »der Vermessungstrupp. Das ist so eine Sache. Regierungslandmesser Thiesmeyer ist als Leutnant mit der Ostabteilung im Felde. Oberlandmesser Joergens ist auch eingezogen und irgendwo in der Gegend von Karibib. Landmesser Gärtner ist weit weg im Süden. Die Messgehilfen Hackelberg und Mosenhauer sind beide im Januar in Seeis von den Hereros totgeschlagen worden.« Er knetet sein glatt rasiertes Kinn und überlegt. »Soweit ich weiß, gibt es momentan gar keinen Vermessungstrupp. Herr v. Frankenberg hätte vertretungsweise übernehmen sollen, ist nun aber wohl auch unabkömmlich.«

Der Oberleutnant steht auf und kommt um den Schreibtisch herum. Er hinkt ein wenig.

»Na, ich denke, das kann warten. Fürs Erste sollen Sie ja diese Operationskarten überarbeiten.« Er blättert in Ettmanns Militärpass. »Sie waren bei der Kompanie Franke?«

»Nur eine Woche, Herr Oberleutnant.«

Er reicht ihm das Buch zurück und sagt: »Glück muss der Mensch haben! Da können Sie also nun in Ihrem Beruf arbeiten. Gehen Sie meinetwegen gleich rüber ins Vermessungsamt. Die Karten aus Berlin liegen nebenan, sagen Sie, wie viele Sie brauchen, dann können Sie die gleich mitnehmen. Halt, noch etwas: Im Amt ist natürlich niemand, daher ist es abgeschlossen worden, Köhler draußen gibt Ihnen die Schlüssel.« Er ruft laut: »Köhler!« Der Schreibstubengefreite steckt den Kopf durch den Türspalt und fragt: »Herr Oberleutnant?« Der Offizier sagt: »Geben Sie dem Unteroffizier hier die Schlüssel vom Vermessungsamt. Weisen Sie ihm ein Quartier an; soweit ich weiß, gibt es Platz in den Beamtenhäusern. Erklären Sie ihm auch, wie das hier mit der Verpflegung funktioniert. Noch was, Köhler: Seh'n Se mal nach, ob für den Unteroffizier was vorliegt, Post oder so. Ettmann, Carl war das, nicht wahr?«

Der Gefreite sagt: »Zu Befehl, Herr Oberleutnant!«, und verschwindet. Der Oberleutnant stellt sich ans Fenster und schaut auf die Stadt hinunter, die Hände auf dem Rücken gefaltet. Ettmann wartet unbehaglich, mit knurrendem Magen, aber schon nach zwei Minuten klopft es, und der Gefreite kommt herein und reicht dem Offizier ein Formular, das der überfliegt.

»Na so was!«, sagt er. »Gratuliere! Ihre Ernennung zum Unteroffizier durch Kapitänleutnant Gygas ist bestätigt worden. Ging ja wie der Blitz! Lassen Sie das draußen eintragen. Damit gehen Sie dann zur Kleiderkammer und lassen sich Ihren Winkel aushändigen.« Mit einem Blick auf Ettmanns verschlissenes Zeug fügt er hinzu: »Empfehlung von mir: Und die sollen Ihnen gleich 'ne neue Uniform drannähen.«

Nachher macht sich Ettmann, neu eingekleidet, auf den Weg zum Vermessungsamt, Brotbeutel und Kartentasche umgehängt, Kladde unter dem Arm. Er lässt sich Zeit und schlendert auf demselben lang gestreckten Höhenzug, auf dem auch die Feste steht, ein Stück nach Norden. Hier ist das sogenannte Beamtenviertel mit seinen gepflegten, grünen Gärten angelegt. Obstbäume sind gepflanzt, vornehmlich Äpfel, Birnen, Quitten, Aprikosen und Pflaumen, er sieht auch ein paar Kirschbäume und einen Mandelbaum. Er begegnet buchstäblich niemandem, höchstens hört er da und dort mal Stimmen aus einem Haus irgendwo hinter Laubwerk verborgen, Frauenstimmen und Kindergeschrei. Ein Mal ein Klavier, aber es wird nur die Tonleiter hinauf- und wieder hinuntergespielt, dann verstummt es wieder. So geht er und hängt seinen Gedanken nach und freut sich dabei über die Stille, das schöne Wetter und all die grünen Bäume und Büsche. Die Luft ist dünn und trocken, duftet aber herrlich.

Die vom Gouvernementsgebäude zum Zollhaus führende Straße ist von jungen Bäumen gesäumt. Sie führt schräg über den Hang hinab und endet unten an der Storestraße beim Vermessungsamt. Dort steht auch der Straßenname auf einem Brett, quer an einen Holzpfosten genagelt: Lüderitzstraße. Es ist das erste Straßenschild, das Ettmann in Südwestafrika sieht.

Die »Kaiserl. Landesvermessung«, wie es unter dem Reichsadler auf dem Giebel heißt, ist ein ebenerdiger Backsteinbau mit einem von sechs vierkantigen Säulen gestützten Vordach. Zu beiden Seiten führen fünf Stufen auf diese Veranda hinauf. Das Gebäude steht etwa in der Mitte zwischen Postamt und Bahnhof auf einem weiten, sandigen Platz an der Storestraße. Hinter dem Haus erstreckt sich leeres, steiniges Feld mit ein paar niedrigen Akazien darin. Darüber flimmern in der Hitze braun und goldfarben die Hügel der Erosberge, graugrün gesprenkelt mit Büschen. Stählern blau strahlt der Himmel. Die Sonne brennt, der Sand ist so blendend hell, dass Ettmann die Augen zusammenkneifen muss.

Es scheint niemand da zu sein. Als er aber die Stufen zur Veranda hinaufsteigt, sieht er einen grauhaarigen Nama in einem geflickten Schutztruppenrock, der im Schatten des Vordaches an die Brüstung gelehnt sitzt und schläft, in der einen Hand eine kalte Pfeife, in der anderen Hand einen langen Pinsel, neben sich einen Eimer eingetrockneter Kalkmilch. Die Wand unter dem Vordach ist zur Hälfte weiß gemalt. Als er Ettmann kommen hört, macht er ein Auge auf. »Is kein Mens nie da, Mijnheer!«, sagt er. Er sieht die neue Uniform mit dem silbernen Winkel am Ärmel, rappelt sich auf und nimmt eine Art Haltung an, in einer Hand den Pinsel, in der anderen die Pfeife. »All in Krieg, Mijnheer Unteroffizier, meld ich dis ’horsam, meld ich dis!«

Ettmann brummt: »Gut, gut«, und probiert die Türklinke.

Es ist abgeschlossen. Er holt den schweren Schlüsselbund aus der Tasche, schließt auf und tritt in den dämmerigen Eingangsraum mit dem großen Kartentisch in der Mitte. Der Raum ist hoch und kühl, die Fenster sind mit weißen Vorhängen verhängt. Er legt Kartentasche und Kladde ab, dabei stößt sein Fuß an etwas, und er schaut hinunter. Auf dem Boden liegt eine rot-weiße Messlatte mit Dezimeterteilung. Er hebt sie auf und lehnt sie neben die Tür.

Er geht durch einen kleinen Zeichensaal, wirft einen Blick ins Archiv und ins Materiallager und betritt schließlich das Büro des Amtsleiters. Das ist gediegen möbliert, großer Schreibtisch, Drehsessel mit grünem Leder bezogen, ein verstellbarer Kartentisch unter dem Fenster, Aktenschränke und ein dunkelgrüner, fast mannshoher Tresor. An der Wand das Kaiserbild, darunter hängt, fein gerahmt und hinter Glas, ein Auszug aus den Gouvernementsinstruktionen vom 1. Mai 1900:

INSTRUKTION
FÜR DIE BEZIRKSHAUPTMANNSCHAFTEN,
MILITÄR- UND POLIZEIDISTRIKTE
SOWIE DIE DETACHIERTEN FELDKOMPAGNIEN.

Erwerbung von Landeskenntnissen
§ 17. Die in einem Bezirk stehenden Angehörigen der Truppe wie Polizisten haben sich fortgesetzt über dessen Wege-, Wasser- und Weideverhältnisse zu orientieren. In allen unter deutscher Verwaltung stehenden Bezirken muss die Feldtruppe operieren können, ohne sich außerhalb der Truppe und Polizei stehender Führer bedienen zu müssen. In jedem Bureau, einschließlich derjenigen der Polizeistationen, müssen stets genaue Wege- usw. Karten des betreffenden Verwaltungsbezirks zu finden sein.

Mit dem großen Doppelbartschlüssel schließt Ettmann den Tresor auf. Eine Geldkassette ist darinnen, er öffnet sie und schaut hinein, etwa neunzig Mark. Sonst liegen da nur dicke Aktenbündel, Kladden und Briefe. Die interessieren ihn erst einmal nicht weiter.

Auf dem Tisch entdeckt er *Petermanns Geographische Mitteilungen* sowie ein paar Ausgaben *Deutsche Geographische Blätter* vom Vorjahr und blättert darin herum. Er überfliegt die »Anmerkungen für den Kartenzeichner«. Da wird darauf verwiesen, dass die bisher übliche Schreibweise »Windhoek« mit Wirkung vom 1. August 1903 in »Windhuk« abgeändert worden ist und dieses nunmehr die offizielle Schreibweise der Hauptstadt des Schutzgebietes darstellt. Fälschlich, so heißt es da, wird oft auch »Windhuck« geschrieben. Als er die Zeitschrift beiseitelegt, sieht er zu seiner Verblüffung einen Aktendeckel, auf dem in schablonierter Schrift »C. ETTMANN« steht. Er zieht ihn heran und klappt ihn auf, aber die Mappe ist leer. Hier hat also jemand an ihn gedacht. Hat seinen Namen geschrieben und sich dabei wahrscheinlich gefragt, wie er wohl aussehe, was für eine Art Mensch der anreisende Herr Ettmann sei. Wer hat den Ordner angelegt? Einer von den beiden erschlagenen Messgehilfen? Oder gibt es hier einen beamteten Schreiber oder Sekretär? Davon hat der Offizier auf der Feste aber nichts gesagt. Vielleicht weiß er ja solche Amtsinterna auch gar nicht.

Ettmann tritt aus dem kühlen Raum ins grelle Sonnenlicht, zieht die Tür hinter sich zu und schließt ab. Der Nama malt eifrig mit dem strohtrockenen Pinsel drauflos, dort, wo die Wand schon weiß ist. Auch die Pfeife qualmt jetzt.

Ettmann wendet sich ab, damit der Mann nicht sieht, dass er grinsen muss, und geht davon. In den Wangenmuskeln zieht es schmerzhaft. Zu lange nicht gelacht.

13. März (Sonntag)

Gleich morgens holt er die Karte 1:800 000 hervor und legt die acht Blätter auf dem großen Kartentisch aus. Bezeichnet ist sie als »Karte von Deutsch-Südwestafrika; 2. Ausgabe, Februar 1904«. Mehrfarbiger Steindruck, und zwar dort gedruckt, wo er selbst gelernt und gearbeitet hatte, nämlich in der Geografischen Verlagshandlung Dietrich Reimer, Berlin.

Die Karte ist offensichtlich gleich nach Ausbruch des Aufstandes in aller Eile zusammengestellt und verschickt worden. Sie ist aus alten Karten, aus wenigen neuen, bereits vermessenen Kartenteilen und endlich aus Skizzen der Landesvermessung wie auch der Truppe zusammengesetzt worden, etwa der »Karte der von Hauptmann und Lieutenant von François gemachten Aufnahmen in dem südwestafrikanischen Schutzgebiete« aus dem Jahr 1890.

Auf einem großen Papierbogen legt Ettmann eine Liste an, teilt sie mit senkrechten Linien in die Längengrade 14 bis 20 und waagerecht in die Breitengrade 19 bis 23, das entspricht den Kartenblättern Windhuk und Otawi.

In diese Übersicht trägt er die mehr als hundertfünfzig von der Feldtruppe eingereichten Meldungen und Beobachtungen ein. Da sind Erhebungen ohne Höhenangaben geblieben, Entfernungen falsch eingeschätzt worden, Wege nicht richtig eingezeichnet, etwa am kleinen Owikokorero-Berg, an dem der Weg zur Waterbergstation nicht östlich, wie in der Karte angegeben, sondern westlich vorbeiführt. Zum Teil fehlen Wasserstellen, oder eingezeichnete sind inzwischen ausgetrocknet, oder ihre Lage war falsch angegeben.

All die in den Meldungen angegebenen Lokalitäten gilt es nun, auf der Karte zu finden und zu markieren. Oft fehlen genaue geografische Angaben, zumeist heißt es wie in diesem Fall:

»12 Reitstunden v. Okahandja nach N. bis Wegkreuzung Otjiamongombe, von dort weiter nördl. an Grab (Steinhaufen) vorbei ca. 1 Meile bis Omumborombonga (Ahnenbaum).«

Mit Meile ist vermutlich die deutsche gemeint, die 7500 Meter misst. Es könnte auch die geografische sein, in dem Fall wären es 7420 Meter. Die nautische Meile kann außer Acht gelassen werden. Bliebe noch die englische, mit ihren nur 1523,986 Metern. So sollen sie die Hottentottenkapitäne beim Landkauf übers Ohr gehauen haben, nach allem, was man so hört. Geografische Meilen waren gemeint, aber die Kapitäne kannten nur die englische Meile, und man vergaß, ihnen den Unterschied zu erklären. Beschwerte sich später einer, hieß es: Das hast du falsch verstanden, weil du so besoffen warst. Die Verkaufsverhandlungen waren nämlich in aller Regel nichts als gewaltige Besäufnisse, wobei es galt, den Kapitän so betrunken zu machen, dass er sein bestes Land hergab, mit Wasser und allem Drum und Dran.

Auf Pauspapierbögen beginnt Ettmann mit der Überarbeitung der Kartenblätter. Er zeichnet zuerst die neu angelegten Heliografenverbindungen ein, denn hier liegen exakte Vermessungsunterlagen vor. Die Arbeit geht nicht leicht von der Hand. Das Pauspapier ist in der trockenen, warmen Luft spröde und brüchig geworden. Zuerst befestigt er es mit Reißzwecken auf der Karte, aber um den Einstich herum bricht das mürbe Papier in kleinen und kleinsten Flocken weg, und der Bogen lockert sich schnell. Schließlich konstruiert er sich aus zwei Linealen einen Anschlagwinkel, der Pausbogen und Karte übereinander in der gleichen Position fixiert.

Im Amt ist es warm und stickig, er lässt die Fenster aber geschlossen, denn draußen ist es um einiges wärmer als drinnen. In allen Gläsern sind die Tusche wie auch die schwarze Eisengallustinte ganz und gar eingetrocknet. Im Zeichenschrank findet sich aber eine Schachtel mit chinesischen Tuschestangen. Die kann er auf dem Stein zu Pulver zerreiben und mit Wasser verrühren. Ettmann nimmt zwei Malgläser und geht zum Waschbecken hinüber. Aus dem Wasserhahn tröpfelt eine bräunliche Brühe, die beinahe kochend heiß ist. Erschrocken zuckt er mit der Hand zurück. Es gurgelt und röchelt in der Wasserleitung, das Wasser versiegt, dann rinnt es wieder. Nach einer Weile aber läuft es stärker und wird auch klarer. Nach ein paar Minuten gluckert es munter und nur noch lauwarm ins emaillierte Becken. Er stellt ein Glas beiseite für die Tusche, füllt sich ein zweites zum Trinken, kehrt zum Zeichentisch zurück und macht sich ans Tuschereiben und Anrühren. Tusche besteht in der Hauptsache aus Ruß mit dem wasserlöslichen Bindemittel Hausenblase, das aus der Schwimmblase der Störfische gewonnen wird. Durch Zugabe von Moschus wird die schwarze Tusche nach dem Trocknen wasserunlöslich.

Derlei profane Arbeiten könnte ihm natürlich ein Helfer abnehmen, denn er sollte sich auf die Kartenarbeit konzentrieren, die ja immerhin auch eilig ist. Aber er liebt diese Tätigkeiten, deren Beherrschung seiner Arbeit eine solide handwerkliche Grundlage gibt und die es seinem Geist erlauben, für eine Weile auf die Wanderschaft zu gehen, Probleme zu überdenken und nach Neuland Ausschau zu halten. Am meisten aber liebt er es, allein mit seiner Arbeit zu sein. Er hat das ganze Amt für sich allein. Es ist zugegebenermaßen recht klein, aber für ihn ist es ein Palast, viel zu schön, um ihn mit anderen zu teilen. Er holt die Bleistiftzeichnung aus der Mappe, die er in der »Mittagspause« vom Vermessungsamt gemacht hat, und beginnt, die Skizze mit feiner Feder und Tusche zu überzeichnen.

Das Diamanten-Duo

Helmut Sydow

»Feierabend ist der Name.« Der Weiße lüftete den Hut: »Egon Feierabend.« Die beiden Männer gaben sich die Hand: »Otto Müller – angenehm.« Der Weiße blickte den Schwarzen fragend an: »Irgendwie hatte ich mir den Namen eines Schwarzen anders vorgestellt.« Der Schwarze lachte: »Passt nicht zu ›Knochen durch die Nase‹ und ›Spitz gefeilte Zähne‹, nicht wahr? Übrigens: Ich bin Farbiger.« Er kniff sich in den Unterarm und wies mit dem Zeigefinger auf die Stelle, wo die Haut für einen Augenblick lang blass geworden war: »Hier! Sehen Sie: Meine Haut ist braun, nicht schwarz. Mein Vater war bei der Schutztruppe.«

Der Wind hatte aufgefrischt und trug Gischt von den Wellenkämmen auf das Schiff. »Und jetzt fahren Sie zurück in die Heimat?«

»Heimat?« Der Schwarze zuckte die Achseln, blickte einen Augenblick lang hinaus aufs Meer und wies dann in Richtung des Hecks: »Für mich war Deutschland immer die Heimat ...« Er wischte sich Gischtspritzer aus dem Gesicht: »... aber jetzt ... nach dem Tod meines Vaters ... und überhaupt: So als Sarotti-Mohr ...« Der Weiße lachte und sagte leichthin: »... oder als marokkanisches Gräuel aus dem Schützengraben von gegenüber – ich weiß!« Er wendete sich zum Gehen, drehte sich dann aber wieder zurück: »Wie wäre es mit etwas zu trinken? Ich lade Sie ein.« Der Schwarze schüttelte den Kopf: »Ich darf nicht. Ich bin noch nicht volljährig.« Der

Weiße winkte ab: »Aber ich …« Er unterbrach sich, hustete und hielt sich ein Taschentuch vor den Mund. Als der Anfall vorüber war, sagte er: »Tut mir leid, mir ist Flandern nicht bekommen. Ich verspreche mir Besserung von der Luft in Südwest.«

Mit dieser Begegnung begann im Jahre 1922 auf der Höhe von Kap Finisterre an Bord der *Wangoni* auf der Überfahrt von Southampton nach Walvis Bay die Freundschaft zwischen zwei Männern, wie sie unterschiedlicher nicht hätten sein können. Das Besondere an dieser Freundschaft war, dass sie in die Annalen der Kriminalgeschichte Südwestafrikas eingehen sollte. Der Grund dafür waren die Schlappen, die diese beiden Männer der Diamantenpolizei in den Jahren nach dem Ersten Weltkrieg in Orten wie Kolmanskuppe, Elisabethbucht, Ida Tal, Marchen Tal, Stauchs Lager, Pomona und Dünenfeld beibrachten. Von diesen Vorfällen gelangte kaum etwas an die Öffentlichkeit, denn selbstredend war es nicht im Interesse der Polizei, die eigene Unzulänglichkeit einzugestehen, und für Feierabend und Müller war der Vorhang der Anonymität, hinter dem sie operierten, Grundvoraussetzung für ihren Erfolg. Die andere Voraussetzung war ihr *Modus Operandi.* Sie wandten jedes Mal den gleichen Trick an – wenn auch in immer neuen Variationen. So auch, als gegen Ende Februar 1925 ein Weißer, in hellem Tropenanzug und Panamahut gekleidet, auf einem Maultier in Georgenfelde bei der Chamiesbucht in der südlichen Namib einritt.

Gute zwanzig Meter hinter dem Weißen ging sein schwarzer Bambuse, der zwei rotbraune Afrikanerochsen mit den für ihre Rasse typischen langen, spitzen Hörnern an der Leine führte. Der Schwarze fiel nicht weiter auf, denn Schwarze galten schon damals, lange bevor die Apartheid in Südafrika und seinem Mandatsgebiet Südwestafrika zur offiziellen Regierungspolitik erklärt wurde, als Unperson.

»Otto …!« Die Stimme des Weißen klang herrisch und laut. »Komm hierher, ich will nicht immer rufen müssen!« Er stieg von seinem Maultier und hüstelte, als er sich den Staub von den Hosenbeinen klopfte. Er war mittelgroß und schlank, fast dünn, und für die Gegend zu elegant gekleidet. Seine Haut hatte den Teint eines Südländers, und auf der Oberlippe trug er einen dünnen, schwarzen Schnurrbart. Der Schwarze, der sehr viel kräftiger wirkte als der Weiße, zog die Riemen an. Die beiden mit je zwei Truhen beladenen Packochsen machten den Hals lang und schüttelten die Hörner, gingen aber nicht schneller.

»Wird's bald?«, fragte der Weiße. Der Schwarze senkte den Blick: *»Jammer my baas … die osse hulle is moeg.«* (»Mein Herr, es tut mir leid … die Ochsen sind erschöpft.«) Der Weiße unterbrach ihn mit einer Handbewegung: »Quatsch! Dir tut nichts leid! Dass die Ochsen müde sind, sehe ich selbst. Im Übrigen hör auf, mich mit ›Baas‹ anzureden. Ich bin kein Bure! – Erinnerst du dich an die Senke, durch die wir eben gekommen sind.« Der Schwarze dachte nach und nickte dann. »Gut, nimm die Tiere, geh zurück und schlag mein Zelt auf, aber so, dass der Wind nicht reinweht.«

Der Weiße reichte dem Schwarzen ein Geldstück. »Zuerst gibst du den Tieren zu saufen. Hast du verstanden?« Der Schwarze nickte. Dann schüttelte er den Kopf. »Hast du verstanden, oder hast du nicht verstanden?« Der Schwarze sah vor sich hin auf den Boden und antwortete nicht. »Was weißt du nicht? Wo du Wasser bekommen sollst?« Der Schwarze druckste. »Beim Wasserwagen! Den suchst du jetzt, bis du ihn gefunden hast. Ist das klar?« Der Schwarze blickte auf und schien erleichtert. »Gut, dann geh jetzt!« Der Schwarze nahm das Maultier am Zügel, und der Weiße betrat die Kochhütte.

Am Herd stand ein Mann im Unterhemd mit herunterhängenden Hosenträgern und trank aus einer Bierflasche. Er war unrasiert und wirkte mürrisch. Er hatte das Gespräch auf der Straße vom Fenster aus mitverfolgt und trat an den Tresen.

»Kiefer, bin der Koch hier.«

»Wiesenthal.« Der Weiße zog den Hut. Sie gaben sich die Hand. Der Weiße deutete auf das Bier des Kochs. »Haben wir gleich«, sagte der Koch, ging in den Kühler und kam mit einer Bierflasche zurück. »Woher des Weges?«, fragte er.

»Seeheim, Aurusberge, am Boegoeberg vorbei ...«

»Genug Wasser?«

Wiesenthal nickte. »Hat im Süden gut geregnet.«

»Gut, mal wieder Deutsch zu hören. Werden ja immer weniger hier.« Der Koch deutete mit seiner Bierflasche in Richtung der Wüste. »Seit dem Krieg nur noch Südafrikaner – wo man hinkommt ... Kimberley is' fertig ... Oranje auch, aber ich hör was von Alluvialfeldern bei Port Nolloth und Alexanderbay ...?« Wiesenthal hob die Schultern: »Gerüchte, nichts als Gerüchte.« Der Koch blickte ihn fragend an. »Und was bringt Sie hierher?«

»Will mich umsehen ...«

»Weiß die Firma davon?«

»Keine Ahnung. Bin auf der Durchreise.« Die Augen des Kochs wurden schmal: »Wäre vorsichtig.« Er reckte sein Kinn in Richtung des Lagers: »Die Firma hat ihre Spitzel überall.« Wiesenthal trank sein Bier aus. »Wäre für zweckdienliche Hinweise dankbar ... würde mich natürlich auch erkenntlich zeigen.« Er bezahlte das Bier mit einem Zehn-Shilling-Stück. »Geht in Ordnung«, sagte er, als der Koch ihm das Wechselgeld geben wollte. Der Koch blickte erstaunt auf. »Wo findet man Sie?« Wiesenthal deutete mit der Hand nach Norden: »In der Senke, rechts vom Weg.«

Der Weiße, der sich Wiesenthal nannte, ging durch das Lager, blieb hier und da stehen und betrachtete die Behausungen der Schürfer. Er ließ sich Zeit und begegnete den Blicken der Männer mit freundlichem Kopfnicken. Anschließend wanderte er die fünfhundert Meter zu seinem Lagerplatz, klatschte in die Hände und rief: »Otto, Kaffee!« Der Schwarze erhob sich von der Plane, die er ein paar Schritte hinter dem Zelt ausgebreitet hatte, ging zum Lagerfeuer und goss aus einer Emaillekanne Kaffee in einen Blechbecher. Dann goss er den Kaffee aus dem Becher in einen zweiten Becher, um ihn abzukühlen. Diesen Vorgang wiederholte er mehrere Male, bis der Weiße rief: »Du hast wohl nichts Besseres zu tun, als hier für den Jahrmarkt zu üben, was?«

Der Schwarze unterbrach seine Aktivität und reichte dem Weißen den Becher. Dabei legte er die rechte Hand an den linken Ellbogen, so, wie es seine Tradition erforderte, und sagte halblaut mit gesenktem Kopf: »Dir scheint das Spielchen mal wieder so richtig Spaß zu machen.«

»Unsinn«, sagte der Weiße, ohne den Kopf zu heben, »mir ist kotzübel, und du meckerst. Außerdem: Die haben Spitzel.«

»Um zu hören, was hier los ist, brauchten sie Ohren wie Löffelhunde!«

»Hast du noch nie etwas von Lippenlesen gehört?«

»Lippenlesen tun Schauspieler bei ihrer Souffleuse, aber keine CDM-Schnüffler in der südlichen Namib.« Der Schwarze ging einen Schritt zurück, hockte sich auf den Boden und wartete, bis der Weiße seinen Kaffee ausgetrunken hatte. Dann nahm er ihm den Becher ab und verstaute ihn. Der Weiße stand auf, sah sich um und verschwand in seinem Zelt.

Als die Sonne über dem Meer untergegangen war und der Westwind sich gelegt hatte, ging der Schwarze in die Wüste. Auf einer kleinen Anhöhe, östlich des Lagers, legte er sich auf den Boden und beobachtete die Hütten und Zelte von Georgenfelde. Das tat er, bis der Nebel aufkam und das Licht für die Optik seines Feldstechers zu schwach wurde. Dann kehrte er zum Lager zurück und machte Feuer. Aus dem Zelt drang gedämpft der Klang einer Violinsonate von Mozart von einem Grammofon. Der Schwarze bereitete das Abendessen vor, aber der Weiße aß nichts.

Der Koch trat aus der Nacht in den Schein des Lagerfeuers. »Ich such den Baas!« Seine Stimme klang barsch. Der Schwarze, der auf seiner Zeltplane gelegen und geschlafen hatte, sprang auf. »Der Baas schläft …«

»Dann mach ihn wach …«

»Der Baas wird mich schlagen!«

»Mach ihn wach, sonst werd ich dich schlagen, du Hornochse, du«, sagte der Koch, hob die Fäuste und ging auf den Schwarzen zu. Die Augen des Schwarzen, der gut einen Kopf größer und fünfzig Pfund schwerer war als der Koch, weiteten sich, und er nahm einen Schritt zurück. Die Musik brach ab, Wiesenthal kam aus seinem Zelt hervor und begrüßte den Koch: »Herr Kiefer … welch unerwartete Ehre.« Dann drehte er sich dem Schwarzen zu und sagte: »Otto, Stühle!« Der Schwarze trat vorsichtig in den Schein des Feuers zurück, stellte zwei Falthocker am Eingang des Zeltes auf und zog sich hinter das Zelt zurück. Kiefer und Wiesenthal setzten sich. Wiesenthal blickte zu Kiefer: »Kaffee?« Der Koch nickte. Wiesenthal klatschte in die Hände und rief: »Otto, Kaffee!« Der Schwarze sagte: *»Ja, my Baas«*, und goss Kaffee ein.

Kiefer zog einen Tabaksbeutel aus der Tasche und reichte ihn Wiesenthal. »Hab ich beim Kartenspiel gewonnen.« Wiesenthal sagte: »Aha«, klatschte in die Hände und rief: »Otto, meine Sachen.« Der Schwarze tauchte aus dem Dunkeln auf und reichte ihm eine braune Satteltasche und eine dünne, fünfzig mal hundert Zentimeter große Sperrholzplatte, die an den Rändern mit einer Leiste eingefasst war. Diese Platte legte sich Wiesenthal auf die Oberschenkel und schüttete drei erbsengroße, kubische Kristalle darauf aus. Der Satteltasche entnahm er ein handtellergroßes Stück einer Glasscheibe, eine Pinzette, einen Lappen, eine Juwelierslupe, eine Handwaage mit Gewichten, ein kalibriertes Reagenzglas und ein Fläschchen, das eine durchsichtige Flüssigkeit enthielt. Dieses Instrumentarium baute er vor sich auf. Der Schwarze zündete eine Petroleumlampe an und stellte sie in die Mitte der Platte. Wiesenthal regulierte den Docht, bis die Lampe aufhörte zu blaken, befestigte die Lupe vor seinem rechten Auge und untersuchte die Diamanten einen nach dem anderen. Während er arbeitete, sagte er kein Wort. Auch der Koch, der ihm zusah, schwieg.

Als Wiesenthal seine Arbeit beendet hatte, blickte er auf und sah den Koch an: »Herr Kiefer, ich muss Sie enttäuschen. Dieser Stein hier«, sagte er und wies mit der Pinzette auf den Kristall, den er zuerst untersucht hatte, »dieser Stein ist kein Diamant, sondern ein Zirkon. Hat zwar einen leichten Schliff und sieht einem Diamanten ähnlich, ist aber wertlos – Edelglas, wenn Sie so wollen. Der zweite – der hier –, der ist echt und von der Farbe her gut, hat aber zwei Spannrisse, das macht ihn für mich uninteressant, und der dritte ist für meine Zwecke farblich zu dunkel, da ist zu viel Grau drin, und außerdem hat er diese kleinen Einschlüsse, die sieht man nur unter der Vergrößerung. Tut mir leid …«

Der Koch schien unschlüssig über sein weiteres Vorgehen zu sein. Nach einem Augenblick des Nachdenkens sagte er: »Was solls, ’s war halt ’n Versuch wert.« Wiesenthal lächelte leicht und hob die Steine einen nach dem anderen mit der Pinzette auf und ließ sie in den Beutel fallen. »Ich würde Ihnen raten: Wenden Sie sich doch ganz einfach an Ihre Firma. Da würden Sie zumindest nicht leer ausgehen.« Der Koch schüttelte den Kopf: »Geht nicht. Hab keine Lizenz. Schürf doch nicht.«

»Ach ja«, sagte Wiesenthal, »wie dumm von mir, das zu vergessen.« Mit der Pinzette wies er auf den Tabaksbeutel:

»Aber den Silikatkristall da, den würde ich so schnell wie möglich loswerden. Den bei sich zu haben, ist unseriös.« Die Gesichtszüge des Kochs entspannten sich, und er sagte: »Für Spielschulden reicht der allemal.« Er stand auf und steckte den Tabaksbeutel ein. »Ich dank Ihnen für die Mühe.« Dann drehte er sich um und ging. »So geht man mit einem Löffelhund um«, sagte Wiesenthal zu dem Schwarzen und blies die Lampe aus.

Müller und Feierabend verbrachten die nächsten Tage in ihrem Lager. Feierabend schlief tagsüber, und wenn er nicht schlief, hörte er Streichquartette von Mozart auf seinem Grammofon, und Müller beobachtete Georgenfelde. Abends kamen Schürfer in das Lager, um ihre Diamanten zum Kauf anzubieten. Am Anfang waren es Deutsche, aber nach und nach kamen auch Südafrikaner. Feierabend bemerkte, dass die Qualität der Diamanten besser wurde. Insgesamt kaufte er fünf weiße Diamanten, die selbst bei zehnfacher Vergrößerung keine Unreinheiten aufwiesen, mit einem Gesamtgewicht von an die viereinhalb Karat und achtzehn zweitklassige Steine mit einem Gesamtgewicht von etwas mehr als zwanzig Karat. Am dritten Tag bemerkte Müller, dass ein Schürfer auf einem Maultier die Siedlung in Richtung Oranjemund verließ. Am vierten Tag kam der Wasserwagen. Am fünften Tag ritten fünf Männer auf Kamelen bei Anbruch der Dunkelheit in Georgenfelde ein. Sie trugen weiche Hüte und waren in Anzüge gekleidet.

Sie kamen am Abend des sechsten Tages. Sie waren zu zweit. Der Kleinere, mit den breiten Schultern und der flachen Boxernase, führte das Wort und stellte sich als Pat Honybell vor. Der Zweite, der hager und etwas größer als sein Partner war, hieß Dan Eaton und sagte nichts. »Der Koch im Lager hat uns Ihren Namen genannt«, sagte der Mann, der Honybell hieß. »Wir sind von Kimberley über Oranjemund nach Kolmanskuppe unterwegs.« Er griff in die Tasche und wickelte aus einem Tuch elf mehr oder weniger weiße, mehr oder weniger saubere Diamanten mit einem Gesamtgewicht von fast zehn Karat. »Wir brauchen Geld.« Feierabend untersuchte die Steine und sagte dann: »Dreiundfünfzig Pfund und zehn Shilling. Das Angebot ist nicht verhandelbar.« Honybell und Eaton gingen zur Seite, besprachen sich, und Honybell sagte: »Sie nutzen unsere Notlage aus. Legen Sie zehn Pfund dazu, und wir sind uns einig.« Feierabend schüttelte den Kopf: »Tut mir leid. Das ist mein Preis.« Honybell und Eaton besprachen sich erneut. Eaton fing an zu gestikulieren, und seine Stimme wurde laut. Nach einer Weile brach Honybell das Gespräch mit einer Handbewegung ab und wandte sich Feierabend zu: »Mein Partner will auf Ihr Angebot eingehen. Mir bleibt nichts anderes übrig, als mich ihm anzuschließen.« Feierabend sagte: »Wunderbar«, zählte das Geld auf den Tisch und sammelte die Diamanten in eine leere Streichholzschachtel, die er in die Seitentasche seiner Jacke steckte. Honybell und Eaton verabschiedeten sich und machten sich auf den Weg zurück nach Georgenfelde.

Als die beiden in der Dunkelheit verschwunden waren, zeigten Feierabends Bewegungen mit einem Male große Dringlichkeit. Er setzte die Planke mit den Geräten auf den Boden, nahm die Lampe und trat in sein Zelt, aus dem etwa dreißig Sekunden lang nur Rascheln zu hören war.

Dann ging alles sehr schnell.

Aus der Dunkelheit rief eine Stimme auf Englisch: »Achtung, Achtung, dies ist die Diamantenpolizei. Sie sind umstellt. Kommen Sie mit erhobenen Händen aus Ihrem Zelt!« Feierabend trat aus dem Zelt, hob die Hände und wirkte verwirrt. Das Erste, was er sah, waren Lichter. Das Zweite, was er sah, war Müller, der mit erhobenen Händen am Lagerfeuer stand und mit verstörtem Blick zu ihm herübersah. Feierabend rief in die Richtung der Lichter: »Was ist los?« Die Lichter bewegten sich auf ihn zu, und hinter den Schirmen der Lampen wurden die Gesichter von Männern sichtbar. Eines dieser Gesichter gehörte Pat Honybell.

»Sie?«, sagte Feierabend und blickte verständnislos. Honybell ging auf ihn zu und leuchtete ihm mit der Lampe in die Augen. Er hielt die freie Hand hinter dem Rücken verschränkt, stand sehr gerade und sagte mit der knappen, trockenen Stimme eines englischen Offiziers: »Ihre Papiere, bitte.« Feierabend griff in die Innentasche seiner Jacke und nahm, ohne den Blick zu senken, seine I.-D.-Karte heraus und reichte sie ihm. Honybell besah sie sich beim Licht der Lampe: »Sie haben sich einbürgern lassen?« Feierabend nickte. Honybell wies auf Müller. »Der Neger?«

»Der hat keine Papiere.«

»Wie heißt er?«

»Otto.«

»Nachname?«

»Katjivena.«

Honybell winkte Eaton näher und sagte: »Schreib auf.« Dann wandte er sich wieder Feierabend zu. »Mister Wiesenthal, oder wie immer Sie auch heißen, ich verhafte Sie wegen des illegalen Besitzes von ungeschliffenen Diamanten.« Er steckte sich den Ausweis ein, warf Eaton einen Blick über die Schulter zu, und ohne sich dabei von Feierabend wegzubewegen, wies er mit dem Finger auf ihn: »Durchsuch ihn!« Eaton trat von hinten an Feierabend heran, griff ihm in die Jackentasche und nahm die Streichholzschachtel heraus. Feierabend räusperte sich. »Darf ich etwas sagen?«

»Bitte.«

»Wenn Sie mich gehen lassen, werde ich auf eine Gegenklage verzichten.«

»Wie bitte?«

»Sie haben mich betrogen. Sie haben mir für dreiundfünfzig Pfund und zehn Shilling Glas verkauft.«

»Quatsch! Dan, mach die Schachtel auf.« Eaton öffnete die Schachtel, blickte hinein und hob einen der Diamanten ans Licht seiner Lampe. Dann reichte er Honybell die Schachtel: »Sieht wie Glas aus, Pat.« Honybell blieb ruhig: »Untersuch ihn – von oben bis unten! Curry, du und Bosman, ihr nehmt euch das Zelt vor. Entweder er hat die Steine an sich, oder er hat sie im Zelt versteckt. Und wenn sie da nicht sind, dann hat er sie verschluckt. Und wenn er sie verschluckt hat, bekommt er Brooklax. Diese Tricks kennen wir doch alle! Von wegen Gegenklage!«

Und so geschah es dann auch. Weil weder Eaton noch Curry noch Bosman bei ihrer Suche nach den Diamanten fündig wurden, verabreichte Honybell Feierabend einen Becher warmes Wasser, in das er eine halbe Tafel des Abführmittels gerührt hatte. Feierabend verzog das Gesicht und sagte: »Sie sind wirklich auf alles vorbereitet.« Dann trank er den Becher aus. Keiner der fünf Detektive schenkte dem Schwarzen, der auf seiner Zeltplane saß und die Geschehnisse mit passivem Blick verfolgte, die geringste Aufmerksamkeit.

Als es hell wurde, war es so weit. Feierabend, der inzwischen Handschellen trug, wurde von Curry und Bosman in die Wüste geführt, um hinter einem Milchbuschstrauch seine Notdurft zu verrichten. Weil den beiden Polizisten die Sache ganz offensichtlich unangenehm war, zogen sie sich ein paar Schritte zurück, während Feierabend die Hosen runterließ und sich hinhockte. Während er saß, griff er sich hinter vorgehaltener Hand mit zwei Fingern in den Mund, lockerte das Ende einer dünnen Schnur, die er sich zwischen die beiden hintersten Backenzähne seines rechten Unterkiefers geklemmt hatte, und zog sich, während er dem Druck seines Darms nachgab, eine mit Butterfett eingeschmierte Nitro-

Express-Patronenhülse an der Schnur aus dem Magen. Diese Patronenhülse einer Elefantenbüchse, die etwa zehn Zentimeter lang, fünfzehn Millimeter dick und mit einem Holzpfropfen verschlossen war, drückte er durch ein Loch in der Innentasche seiner Jacke und von da ins Futter des Saums. Dann säuberte er sich mit einem Stein, stand auf und zog die Hosen hoch. Zu Curry, dem die Aufgabe zufiel, seine Notdurft nach den Diamanten zu durchsuchen, sagte er im Weggehen: »Lassen Sie sich den Appetit nicht verderben.«

Im Lager bat er Honybell, ihm die Handschellen abzunehmen. »Warum?«

»Ich möchte mich waschen. Mir ist an meiner persönlichen Sauberkeit gelegen.«

»Uns auch«, sagte Honybell und nahm ihm die Handschellen ab. Feierabend ließ sich von Müller warmes Wasser in eine Schüssel gießen. Dann zog er sich nackt aus, reichte Müller seinen Anzug und sagte »Ausbürsten!« Bei den Schuhen sagte er »Putzen«, und bei den Strümpfen und der Unterwäsche sagte er »Waschen«. Dann reinigte er sich am ganzen Körper und auch im Intimbereich. Als er fertig war und sich mit einem von Müller gereichten Handtuch abgetrocknet hatte, sagte er: »Rasierwasser.« Und dann rasierte er sich, und als er damit fertig war, machte er Freiübungen. Weil die vier Diamantendetektive diesem deutschen Exzentriker nicht auch noch bei der Morgengymnastik zusehen wollten, wandten sie sich ab, stellten sich ans Lagerfeuer und tranken Kaffee. Dann kam Curry zurück und berichtete, er habe in Wiesenthals Notdurft keine Diamanten gefunden. Honybell überlegte und sagte: »Eaton, du nimmst das Zelt auseinander und alles, was da drin ist – und dann, wenn da nichts ist, gräbst du den Boden unter dem Zelt und an den Seiten um und siebst ihn; Curry, du schneidest seine Jacke, seine Hose, seinen Hut und seine Schuhe auf, und ich seh mir sein Geschäft an. Und wenn das alles nichts bringt, bekommt er den Rest Brooklax!« Im Weggehen zog er ein Klappmesser aus der Tasche, fuhr prüfend mit dem Daumen über die Klinge und sagte über die Schulter: »Vielleicht schlachte ich ihn auch. Wollte schon immer mal sehen, wie so'n Kraut von innen aussieht …«

Nachdem Müller Feierabends Sachen gereinigt hatte, bat er Curry um Erlaubnis, das Maultier und die beiden Ochsen in Georgenfelde zu tränken. Curry schürzte die Lippen und winkte ihn mit einer irritierten Handbewegung weg, und es war ihm anzusehen, dass ihm nicht daran gelegen war, von einem Schwarzen wie Müller direkt angesprochen zu werden. Wie erwartet, brachte auch die erneute Durchsuchung nichts zutage, und die zweite Portion Brooklax wurde – genau wie die erste – im wahrsten Sinne des Wortes in den Sand gesetzt. Am Mittag, als Müller mit den Tieren bereits wieder aus Georgenfelde zurückgekehrt war, musste Honybell seinen Misserfolg eingestehen. Dabei war ihm jedoch keine Nervosität anzumerken, und als er sich verabschiedete, klang seine Stimme genauso ruhig wie zuvor. »Mister Wiesenthal«, sagte er, »die Ringrichter sind sich einig: Die erste Runde geht an Sie. Aber freuen Sie sich nicht zu früh. Ich glaube nicht, Sie sind der Typ, der fünfzehn Runden mit Pat Honybell gehen kann.« Auf Feierabends Einwand, er wolle sein Geld wiederhaben, schließlich sei er der Betrogene hier, und jeder unbescholtene Bürger könne durch das Sperrgebiet reisen, immerhin sei dies ein freies Land, reagierte Honybell nicht. Aufrecht und mit der linken Hand hinter dem Rücken verließ er das Lager in Richtung Georgenfelde. Seine vier Detektive folgten ihm im Abstand von drei Schritten.

Eindrücke aus Südwestafrika im Jahr 1940

Negley Farson

Als ich das erste Mal von Walvis Bay hörte, stand ich auf der Brücke eines norwegischen Walfischfängers zwischen den Shetlands und den Färöer-Inseln. Wir schleppten einen toten Bartenwal, den wir vor dem Golfstrom geschossen hatten, an Land. Und während die Ausgucktonne am Schiffsmast im Bogen vor den Sternen schwang, wurden im Harpunier Erinnerungen lebendig:

»Mal in Walvis Bay gewesen?«

Ich fragte ihn, wo das sei.

»Nanu, dort wo die Walfische sich paaren!«

»Unsinn!«

»Sicher! Ich habe sie dabei gesehen! Aber was für Spaß *die* dabei haben können, verstehe ich nicht!«

Es gab nicht einen Grashalm in Walvis Bay. Keine Spur von Grün. Die Frau des Zollchefs erzählte mir, dass das Silizium im Sand von einem Frauenhaarfarn, den sie in ihrem Bungalow ziehen wollte, alles weggefressen hatte. Und die Unterhaltung in Walvis Bay erschöpfte sich begreiflicherweise fast ausschließlich in Gesprächen darüber, was für eine geizige Frauensperson die Mutter Natur sei.

Der Meeresboden führte manchmal unheimliche Dinge auf. Eines Morgens während des letzten Krieges kam plötzlich eine Insel in der Walfischlagune in die Höhe. Sie blieb gerade so lang da, dass ein abenteuerlustiger Händler hinausrudern, sich hinstellen und sich fotografieren lassen konnte. Etwa einen Tag später war sie wieder verschwunden.

Ungefähr einmal die Woche poltert der Meeresboden und rülpst ein giftiges Gas aus. Das geschah auch während der Woche, die ich dort war. Ich merkte es am Morgen nachher daran, dass der einsame Strand, den ich entlangging, an der Flutlinie meilenweit von einer unregelmäßigen Silberlinie toter Fische eingesäumt war. Sie waren von dem Gas so infiziert, dass nicht einmal die gierigen Guanovögel sie anrührten.

Ferner, obgleich der Sand dieser Fünfzehnhundert-Kilometer-Wüste so sengend heiß ist, dass es keinem Weißen möglich wäre, barfuß darauf zu gehen, ist der Benguela-Strom, der an ihr vorüberjagt, eiskalt; wer dort badet, spürt, wie ihm Arme und Beine abfrieren. Es ist überaus gefährlich, von der Kälte gelähmt, in den langen Diagonalwellen zu schwimmen, die, nordwärts stürmend, ganze Berge zitternden Schaumes über den schleimigen Sand schieben.

Und die Küstenlinie ändert sich ununterbrochen. Vor dem letzten Krieg hatten die Deutschen in Swakopmund, zweiunddreißig Kilometer weiter oben, einen Stahlpier gebaut, um den Handel von Walvis Bay fortzulocken. An dem Pier sollten die größten Transozeandampfer löschen können. Er war dreihundert Meter lang. Wer von dort aus fischen wollte, musste einen halben Shilling bezahlen.

Ich schwamm in Swakopmund, wie eine Möwe auf den Wellen reitend, während die Strömung mich nach Norden trug, und da stand das dem Ozean zugewandte Ende dieses Piers, als ich daran vorüberkam, mehr als fünfzig Meter landeinwärts auf dem Trockenen. Die Swakopmunder machen auf ihm jetzt ihre Sonnenuntergangspromenade. Das ist die einzige Verwendung, die die unverbesserliche See noch gestattet.

Zwischen Walvis Bay und Swakopmund gibt es einige wandernde Sanddünen, die noch immer ein Rätsel sind. Kein Gelehrter hat bis heute erklären können, wie sie da hinkommen, noch, warum sie nicht fortgeblasen werden. Denn sie sind ständig in Bewegung, bilden sich stets von Neuem, und zwar genau auf diesem Gebiet von etwas mehr als dreißig Kilometern. Wenn der Wind besonders trocken ist und die letzte Spur Feuchtigkeit aus ihnen heraussaugt, explodieren sie.

»*Wruuuum*«, machen sie mit lautem Dröhnen. Und man weiß, dass wieder einmal eine Sandwand eingestürzt ist.

Diese Dünen sind untertags orangefarben. Bei Sonnenuntergang bekommen sie die schönsten violetten und enzianblauen Töne. Nur Schakale leben dort.

An meinem ersten Abend, als mich ein Hafenbeamter an den Rand der Wüste führte und mich aufforderte, sie mir anzusehen, fragte ich ihn, was über uns, unter uns und weit dahinten liege.

»Nichts«, sagte er mit einem hysterischen Ton in der Stimme. »Einfach Kilometer und Kilometer und Kilometer – und *Kilometer* – süßes Nichts!«

Zweiunddreißig Kilometer nördlich von Walvis Bay liegt die Sommerhauptstadt des Mandats, Swakopmund, so deutsch wie irgendein Ostseebad. Seine sandige, ungepflasterte Hauptstraße, die Kaiser-Wilhelm-Straße, wurde von der Moltke-Straße geschnitten. Die Häuser waren Stuckbungalows mit roten Dächern, Gärten und grünen Stauden, und an den weißen Wänden wuchs Bougainvillea. Seine wichtigsten Hotels hießen Kaiserhof, Fürst Bismarck, Hansa, Faber, Europäischer Hof – und dann gab es noch das kleine Strand, geführt von Herrn Ohlmann. Das imposanteste Gebäude war eine deutsche Barockkirche. Das netteste, zwischen Fächerpalmen stehend, mit dem Blick auf den Botanischen Garten und den eiskalten Benguela-Strom, war das lange, niedrige, stumpf gelbe Sommerhaus des Administrators für Südwestafrika, der stets ein vom Generalgouverneur der Union ernannter Südafrikaner ist. Damals war es ein Anwalt aus Pretoria.

Und außerhalb der Residenz stand noch immer das alte deutsche Kriegerdenkmal. (Das selbstverständlich von den Deutschen nach dem letzten Krieg aufgestellt worden sein muss.) Es war die lebensgroße Bronzefigur eines verwundeten deutschen Soldaten, der, den Kopf bandagiert, mit aufgepflanztem Bajonett über dem Leib eines sterbenden deutschen Matrosen Wache hält. Überaus rührend.

Und die Toleranz der Südafrikaner ist so groß, dass es wahrscheinlich noch immer dasteht; eine Statue, die, abgesehen von ihrem ursprünglichen Sinn, ein Monument der südafrikanischen Geduld ist.

Im ganzen Südwestafrika-Mandat und unten in der Union fiel mir immer wieder diese Toleranz (man könnte sie auch Blindheit nennen) der freiheitsliebenden südafrikanischen Buren gegenüber den für sie bedrohlichen Zielen der Nationalsozialisten auf. Sie wollten einfach nicht glauben, dass die Nazi-Ideologie im Falle eines Erfolges ihr eigenes häusliches Leben – das ja schließlich im Grunde das Wichtigste ist, wonach wir streben – zugrunde richten würde. Diese Nation – die der Geschichte einige der fesselndsten Seiten hinzugefügt hat – Großer Trek, Burenkrieg –, diese Menschen mit dem festen Herzen, die lieber sterben würden als sich einem Polizeiregime unterwerfen, und wäre es auch eines ihrer eigenen Staatsmänner, diese furchtlosen Männer und Frauen konnten die Gefahr nicht sehen, die sie alle zu Lakaien irgendeines Gauleiters machen würde. Der Grund dafür war (oder ist) vielleicht, dass sie mit ihrem ehrlichen, ausgeglichenen Gemüt nicht fähig waren, sich eine solche Dienstbarkeit vorzustellen. Sie waren geistig zu weit von Europa entfernt.

An dem Abend, an dem ich ankam, boykottierten die Nationalsozialisten der Stadt den Ball in meinem Hotel, weil sie entdeckt hatten, dass unter dem fünfköpfigen Orchester einige »Nicht-Arier« waren. Sie standen an der Tür und schrieben die Namen der Leute auf, die hineingingen. Es war das bedeutendste Hotel; und es wurde von den Nazis auch dafür bestraft, dass ein Besitzer sich um die südafrikanische Staatsbürgerschaft beworben hatte. Trotzdem wohnte hier einer der ältesten Deutschen in der Kolonie, einer der ursprünglichen Besiedler Südwestafrikas. Er erzählte mir, dass man zur Zeit, als er kam, in einem Brandungsboot an die Küste gebracht werden musste. Nun besaß er mehr als vierzigtausend Stück Vieh. Doch selbst er schnitt mich und weigerte sich, mit mir zu sprechen, als er gehört hatte, dass einer der Leute, die ich in Windhoek aufzusuchen beabsichtigte, ein Jude sei.

»Sie *sollten* mit solchen Menschen nicht reden.«

»Und warum nicht?«

»Ich habe nichts zu sagen«, erklärte er.

Wir beließen es also dabei.

Viel mehr ist über Swakopmund nicht zu sagen, höchstens noch, wie der einzige Südafrikaner, den ich (außer dem Administrator) dort antraf, es ausdrückte: »Swakopmund ist einfach hundertzwanzig Prozent Nazi!« Die Zeitung, die ich dort las, war die *Swakopmunder Zeitung*, die, noch während ich dort war, ihren Namen wechselte und sich *Deutscher Beobachter* nannte.

Es war die schärfste der drei großen deutschen Zeitungen im Mandat (es gab nur eine einzige englische, *The Windhoek Advertiser*, der damals eine Auflage von nur 750 hatte); sie war in Fraktur gedruckt, war angefüllt mit örtlichen Auszügen aus der Presse des Dritten Reichs und versah, wie diese, alle ausländischen Äußerungen mit dem üblichen kontra-englischen Dreh.

Und die Mahlzeiten waren sehr deutsch: Bismarckhering, Rollmops, Frankfurter, Kartoffelsalat und Bouillon mit Ei, serviert von einem deutschen Fräulein mit Zöpfen und nackten, sonnverbrannten Beinen. Das Bier war himmlisch!

Das Parkland der Kalahari ist eine freundliche Landschaft. Das Bild ist im Allgemeinen das eines sich weit hinziehenden niedrigen Graslandes, das so offen ist wie der Richmond-Park und auch so gesund. Aber statt der Rosskastanien sind Bestände von afrikanischen Akazien da, hochgewachsene Tambutis und prähistorische Affenbrotbäume mit Stämmen von mindestens sechs Metern Durchmesser. Diese gaben dem Bild etwas Monströses. Vom Mondlicht versilberte Fächerpalmen glichen gefrorenen Fontänen.

Wir hatten dort oben Enten geschossen. Diese lagen in den Vleys, den wasserhaltigen Senkungen, deren lebendiges Grün Oasen auf diesem Sandteppich bildete. In den Dickichten lebten Giraffen und Gnus. Das Wasser in den Vleys, in das wir hineinwateten, war warm. Enten flogen auf. Gewaltige, weißbrüstige Bisamenten, deren schimmernde schwarze Rücken nahezu so groß waren wie die kanadischer Gänse. Flitzende Schwärme von Krick-, Sammet-, Pfeif- und Löffelenten. Es war stets möglich, ein oder zwei zu kriegen, wenn sie vom Wasser aufstiegen. Dann, so wenig ahnten sie von den Gefahren des Menschen (des Menschen mit einer Flinte), zogen sie fast immer einen Kreis und kamen wieder herüber – wenn man ganz still stand.

Auf diese Art holte ich mir sechs aus einem Flug von acht. Und während ich regungslos blieb und darauf wartete, dass sie wieder herüberkämen, sah ich auf der gegenüberliegenden Seite des Vley ein dickes Zebra unter den Dornen stehen, das mich ganz kühl betrachtete.

Es machte keine Bewegung, obgleich ich wieder auf zwei

Schwärme schoss. Erst, als ich in das Vley hinauswatete, um die Enten zu holen, warf es den Kopf hoch. Und als es gelassen zwischen den Dornen davontrabte, sah ich seinen kleinen dicken Steiß.

In diesen Vleys gibt es ein bezauberndes Vogelleben. Tukane, schwarze und weiße mit bananenfarbenen Schnäbeln, schwebten rings um sie vom Dornbusch. Riesige Maribou-Kraniche standen da, so sehr in ihr Froschfischen vertieft, dass sie mich ganz nahe herankommen ließen. Dann breiteten sie einfach ihre zwei Meter weiten Schwingen aus und flatterten auf einen toten Baum, der über dem Tümpel stand. Von dort starrten sie auf mich herab. Auf einem Baum saß ein weißer Adler auf einem abgestorbenen Ast unter einem Maribou, und beide blickten neugierig auf mich herunter, während ich unmittelbar unter ihnen stand und sie fotografierte. Es waren Schwärme umhertrippelnder, rotstelziger, afrikanischer Regenpfeifer da; Scharen von Schnepfen, Sägern, die in den Vleys tauchten; Königsfischer, nicht größer als Spatzen, funkelnd blau in der schimmernden Sonne. Der Sandrand jedes Vleys war überzogen von den Spuren der Gnus, Elenantilopen, Pasane und Giraffen.

Auf diese schossen die Buschmänner mit ihren vergifteten Pfeilen.

Außer Vögeln gibt es nichts, was der Buschmann mit dem Pfeil jagt, um durch den Schuss selbst zu töten. Im Allgemeinen ist das Gift seine gefährlichste Waffe. Nur ganz wenige unter den Buschmännern selbst kennen wirklich das Geheimnis dieser Gifte. Die Weißen wissen bis heute überhaupt nichts davon. Wie manche Schlangengifte lassen sie sich nicht analysieren. Noch 1926 wurde ein Richter hier draußen mit einem vergifteten Pfeil getötet. Es war ein gewisser van Rynefeld; er begleitete drei auf Kamelen berittene Polizisten, die eben eine Handvoll Buschmänner, die sie wegen Viehdiebstahls suchten, aufgebracht hatten. Die kleinen Buschmänner verloren den Kopf. Einer schoss einen Pfeil, der nicht länger war als ein Bleistift, auf van Rynefeld. Die Spitze war ein vergifteter Dorn.

»Jungens, ich bin erledigt!«, sagte van Rynefeld, als er den Dorn herauszog. »Lasst mich nur.«

Sie gaben sich alle Mühe um ihn. Aber nach einer Stunde war er tot. In nicht ganz zwei Stunden, erzählte man mir, begann sein Körper zu faulen.

Bei den meisten vergifteten Pfeilen fällt der Schaft ab, nachdem das Ziel getroffen worden ist. Nur die kleine dreieckige Stahlspitze und ein kleines Stückchen des Schafts ist in Gift getaucht. Und dieses sieht ironischerweise aus wie der raue, rötlich braune Überzug gebrannter Mandeln.

Nahezu alle afrikanischen Jäger sind der Ansicht, dass der Buschmann der großartigste Fährtensucher der Welt ist. Wenn er auf der Pirsch ist und einen dieser vergifteten Pfeile auf ein Gnu abschießt, kann es eines aus einer Herde sein, die nach Hunderten oder Tausenden zählt. Solcher Herden gibt es unzählige. Man sieht die Gnus, schwarzen Inseln gleich, unter dem afrikanischen Himmel stehen. Und aus diesem Gewirr flüchtiger Spuren findet der Buschmann die des verwundeten Tieres heraus, wobei er mit dem Suchen gewöhnlich beginnt, wenn er den abgefallenen Schaft aufgehoben hat. Dann folgen sie dem Tier, bis es fällt.

Die Buschmänner erzählten mir (mithilfe mehrerer Dolmetscher), dass Gift das Gnu fast immer innert zwei Stunden tötet. Dann schneiden sie das Fleisch rings um die Stelle, wo die vergiftete Pfeilspitze stecken geblieben ist (es ist gewöhnlich ein leuchtend grüner Kreis mit einem Durchmesser von zwölf bis fünfzehn Zentimetern), heraus; nachher können sie den Rest des Tieres essen, ohne zu Schaden zu kommen.

Wenn es Krieg gibt, gehen wir in die Wüste

Henno Martin

Es war im ersten Jahr des Zweiten Weltkrieges. Die deutschen Armeen hatten Holland besetzt und brachen gerade die ersten Festungen der Maginot-Linie. Windhoek war aufgewühlt von der Propaganda der Krieg führenden Mächte. Begeisterung, Furcht und bange Sorge beherrschten alle Gespräche. In dieser von Hysterie erfüllten Kriegsatmosphäre konnte auch ein Wissenschaftler kaum hoffen, sich einen klaren Kopf zu bewahren. Aber wir, mein Freund Korn und ich, waren der Meinung, dies sei nicht unser Krieg. Wir hatten ihn lange vorher herankommen sehen und hatten aus diesem Grunde Europa verlassen. Wir wollten keinen Teil haben an dem Selbstmord zivilisierter Völker.

Nun aber schien der Krieg selbst uns einzuholen. Immer mehr Deutsche verschwanden hinter dem Stacheldraht der Internierungslager. Jeden Tag konnte uns das gleiche Schicksal ereilen. Das war ein mehr als grausiger Gedanke für zwei Männer, die gewohnt waren, forschend die Einsamkeit von Wüsten und Steppen zu durchstreifen. Wir waren entschlossen, uns unsere persönliche Neutralität und unsere Selbstständigkeit zu bewahren.

Eines Abends besprachen wir, auf der Steintreppe vor unserer Wohnung sitzend, die Situation. Was konnten wir tun?

Und dann war da plötzlich ein Gedanke, den einer von uns früher einmal im Scherz geäußert hatte: »Wenn es Krieg gibt, gehen wir in die Wüste!«

Der Gedanke war da, er faszinierte uns. Erregt begannen wir, die Möglichkeiten zu besprechen, das Für und Wider abzuwägen. Und als der Silberschein des Tierkreislichtes über den westlichen Bergen stand, wurde der Gedanke zum festen Entschluss: Wir würden zusammen in die Wüste gehen und dort irgendwo in völliger Einsamkeit das Ende des Krieges abwarten. Nur unseren Hund wollten wir mitnehmen, und ihn brauchten wir nicht um seine Meinung zu fragen; er war immer bereit, und wenn er sah, dass gepackt wurde, wedelte er vor Freude mit dem Schwanz. Er hieß Otto. Diesen Namen hatten wir ihm gegeben, als er noch ganz klein war und vorn und hinten beinahe gleich aussah wie die Buchstaben dieses Namens. Das hatte sich längst verwachsen, jetzt konnte man Ottos Vorder- und Hinterteil schon lange nicht mehr verwechseln.

Vier Tage vergingen unter unseren Reisevorbereitungen, dann brachen wir mit unserem hoch bepackten Lastkraftwagen auf. Unser Ziel war der schwer zugängliche Canyon des Kuiseb-Rivieres. Für südwestafrikanische Verhältnisse war das gar nicht sehr weit – etwa zweihundert Kilometer von Windhoek entfernt. Am einfachsten wäre der Weg über die Pad gewesen, die durch das Kuiseb-Tal vom Hochland hinunter in die Namib führte, aber wir durften die Pad nicht benützen. Auf den abgelegenen Farmen wäre unser Fahrzeug zweifellos aufgefallen und der Polizei sicher schon bei der ersten Umfrage gemeldet worden. Wir beschlossen deshalb, den weiten Umweg über Okahandja und Karibib zu nehmen. Nach Karibib hatten wir uns übrigens legal abgemeldet. Sobald wir den Ort hinter uns ließen, begann für uns das Abenteuer, und wir waren nur noch dem harten Gesetz der Wüste untertan.

Wir passierten Karibib und rasteten in den Bergen, bis die Dunkelheit einbrach, wollten wir doch vermeiden, dass wir von den weiter abgelegenen Farmen aus gesehen werden konnten. Während der Nacht fuhren wir am Rande der Chuosberge entlang die ausgedehnte Sphinx-Fläche hinunter. Einmal gewahrten wir im Licht unserer Scheinwerfer mehrere Gemsböcke. Ein paar Stunden schliefen wir in einer sandigen Kuhle. Schließlich verblassten die Sterne, und unser Wagen glitt in eine kahle graue Wüstenschlucht, die in den tiefen Canyon des Swakop-Rivieres hinunterführte. Die Fahrt durch den Canyon war des tiefen, lockeren Sandes wegen gefürchtet. Da wir das wussten, ließen wir Luft aus den Reifen, bis sie uns breit und flach genug erschienen; dann jagten wir mit heulendem Motor durch den losen Sand. Das Wagnis gelang; nachdem wir die Strecke passiert hatten, pumpten wir die Reifen wieder auf. Dann führte uns auf der Südseite eine graue, gleichfalls sandige Schlucht wieder zur Oberfläche der Namib hinauf, und wir gelangten auf eine kaum benützte Pad, die die wild zerklüftete Swakopkante bis zur Küste begleitet.

Selbst bei heller Sonne zeigt die Wüste hier nur grau getönte Farben; und dann und wann nur wird die Eintönigkeit durch das schwarze Band eines Basaltganges unterbrochen. In der fahlen Morgendämmerung verschwammen Himmel und Wüste in unsicherem Licht. Es war absolut unmöglich, eine Entfernung zu schätzen. Wir glaubten einmal eine baufällige Hütte zu sehen; sie entpuppte sich schon im nächsten Augenblick als ein kleiner verrosteter Benzinkanister. Aber dann tauchte eine große, dunkle Gestalt vor uns auf, die nicht kleiner wurde.

Bald sahen wir: Es war eine Kuh. Sie stand mitten auf der Pad, neben ihr lag ein gerade erst geworfenes Kälbchen, tot und zerfetzt. Auf einem nahe gelegenen Schutthügel drückten sich drei wilde Hunde herum; mit ihren hässlichen Hyänengesichtern starrten sie lauernd auf unser Auto.

Die Kuh gehörte vermutlich der Mischlingsfamilie, die unten in der Swakopschlucht in einer kleinen Lehmhütte hauste. Mager und halb verhungert suchte das arme Tier, sein zerrissenes Kälbchen mit gesenkten Hörnern gegen die hungrigen Steppenhunde zu verteidigen. Es wandte den Kopf und blickte Hilfe suchend zu uns herüber, aber wir konnten nicht helfen; wir konnten es uns nicht leisten, auch nur einen Schuss unserer kostbaren Munition zu verschwenden.

Aufmerksam beobachteten die wilden Hunde unsere Bewegungen; sie freuten sich bestimmt, als unser Wagen davonglitt, nunmehr sicher, dass ihnen die gierig erhoffte Mahlzeit nicht entging. Für uns bedeutete die kleine grausige Szene am ersten Morgen unserer Wüstenfahrt gleichsam eine symbolische Einführung in den erbarmungslos grausamen Existenzkampf, der uns erwartete.

Wir mussten die Pad schon bald verlassen, um uns quer durch die Wüste nach Südosten zum Kuiseb durchzuschlagen. Autospuren bleiben in diesem Teil der Wüste lange Zeit erkennbar, deshalb drehten wir auf das schwarze, vom Wind polierte Steinpflaster eines Basaltganges ab und verwischten mithilfe eines alten Sackes das erste Stück unserer Reifenspur.

Mittlerweile war es Tag geworden. Die Sonne schoss lange Strahlenbündel über die endlosen Flächen; in den Senken liefen die weichen Schatten wie dunkles Wasser zusammen; unser nächstes Ziel war ein sandiger Pass in einem dunklen Schieferrücken. Lange durften wir aber hier nicht fahren. Wir befanden uns unter der Flugstrecke Windhoek–Swakopmund in völlig kahler Wüste, wo ein Kraftwagen mit blitzenden Fenstern und langer Staubfahne nicht gut zu übersehen ist. Als wir ein flaches Trockental mit salzverkrustetem Boden, bestanden von ein paar graugrünen Tamariskenbüschen, erreichten, fuhren wir unser Fahrzeug an eine niedrige Felswand heran. Wir nahmen einen kleinen Imbiss zu uns und betrachteten unser Lager mit prüfenden Blicken. Unser Wagen kam uns ungewöhnlich groß und glänzend vor. Wir rieben ihn rundherum mit einem ölgetränkten Lappen ab und bewarfen ihn mit Sandstaub. So schien er uns schon weniger auffällig.

»Es wird schon werden«, meinte Hermann, »zehn Tage werden sicher vergehen, bevor sie überhaupt anfangen, uns zu suchen.«

»Richtig«, bestätigte ich, »und dann werden sie ihre erste Aufmerksamkeit auf den Brandberg richten.«

»Warum?« Hermann zog die Augenbrauen hoch.

»Nun«, sagte ich, »zunächst ist das die Gegend, wo wir zuletzt gearbeitet haben. Zweitens habe ich einige Sicherheitsmaßnahmen getroffen.«

»Was für Sicherheitsmaßnahmen?«

»Ich habe etwas auf meinem Schreibtisch zurückgelassen. Und zwar habe ich auf einem Löschblatt eine Benzin- und Meilenrechnung aufgestellt, ganz klein gekritzelt, und die Ortsnamen nur durch Anfangsbuchstaben angedeutet. Wenn ein Detektiv sich mit dem Löschblatt beschäftigt, muss er zu dem Schluss kommen, dass wir zum Brandberg gefahren seien.«

Hermann lachte, und das mit gutem Grund, denn der Brandberg lag gute dreihundert Kilometer weiter nördlich. Sehr viel später erfuhren wir, dass die erste Suchexpedition der Polizei tatsächlich den Brandberg zum Ziel gehabt hatte.

Unter glühender Sonne warteten wir bei trockenem Ostwind auf den Abend. Wir hatten ein Segeltuch schräg über den Wagen gespannt; das gab uns ein bisschen Schatten. Wir schlossen unseren Radioapparat an die Autobatterie an und legten den Antennendraht über ein paar kleine Salzbüsche. Als wir das Radio einschalteten, bekamen wir mitten in der Einsamkeit der Wüste die neuesten Kriegsberichte zu hören. Sie berichteten von dem Vorstoß deutscher Panzer in Frankreich. Die Stimme aus dem Äther erschien uns fantastisch, unwirklich und doch lebendig wie in einem Traum. Fast glaubten wir, durch die heißen, scharfen Stöße des Ostwindes das ferne Dröhnen der schweren Motoren zu vernehmen.

Otto, der Hund, lag japsend unter dem Wagen. Auch uns plagte der Durst; wir waren nach der Nachtfahrt zu erschöpft, um lange über die Kriegsberichte zu diskutieren. Wir mussten mit unserem kleinen Wasservorrat sehr sparsam umgehen.

Endlich begann die Sonne, tief im Westen zu sinken, und wir gestatteten uns ein paar Schlücke Wasser. Dann fuhren wir weiter durch kleine versandete Riviere und über weite, windpolierte Steinfelder. Zuerst setzte sich Hermann ans Steuer. Er war noch nicht lange gefahren, als der Wagen im losen Bett eines Trockenlaufes stecken blieb. Wir mussten Luft ablassen, um wieder freizukommen, und danach die Reifen wieder aufpumpen; es war keine sehr angenehme Arbeit. Unsere Nerven begannen schon zu rebellieren. Als ich eine spitze Bemerkung fallen ließ, sagte Hermann kurz: »Fahr weiter!« Ich setzte mich schweigend hinter das Steuer.

Die langen Abendschatten hoben die vielgestaltigen Rillen, Rippen und Schuttstreifen des Wüstenbodens mit tintenschwarzen Strichen heraus. Aus den Senken stieg die Dämmerung auf und begann, den Horizont zu verdunkeln. Wir wollten unter allen Umständen noch ein paar Kilometer hinter uns bringen. Plötzlich schlug mein Arm – ich musste das Steuer vor einem Felsblock herumreißen – gegen die Hupe; der Kontakt verklemmte sich; unaufhörlich gellte das Horn durch die Stille. An sich war es ausgeschlossen, dass hier irgendwo ein Mensch in Hörweite war. Trotzdem klopfte mir das Herz, als ich aus dem lärmenden Fahrzeug hinaussprang und mit fahrigen Händen nach einem Schraubenzieher suchte. Hermann schimpfte, und Otto, der nicht wusste, was der Lärm bedeuten sollte, sprang laut bellend um das Auto herum und vergrößerte den Krach. Hermann schrie ihn an, und er verstummte, aber das Horn dröhnte noch immer. Es schien mir eine Ewigkeit zu dauern, bis der Kontakt gelöst war und das Lärmen verstummte. Da war plötzlich lautlose Stille, und uns wurde bewusst, wie lächerlich wir uns mit unserer Aufregung aufgeführt hatten. Wir sahen uns an und lachten, und das veranlasste Otto zu lauten Freudenkundgebungen.

Aber uns reichte es nun für heute. Ein paar Hundert Meter weiter scharrten wir uns im Schutze einer windzerfressenen Felswand Schlafkuhlen in den Sand. In der vorangegangenen Nacht hatten wir kaum geschlafen, aber nun überfiel uns die Müdigkeit. Bald lagen wir in unseren Schlafsäcken und schlossen die Augen. Otto hatte sich zwischen uns zusammengerollt. Die Nacht hüllte uns ein.

Am nächsten Morgen fand die Sonne uns schon auf dem Weg. Wir fuhren über eine Fläche von weißem Steppenkalk; die Nase unseres Wagens zielte nach den blauen Pyramiden des Tumas- und Amichabberges. Inseln im Meer gleich, ragten sie über die kahlen, horizontweiten Flächen empor; sie dienten uns als Richtpunkte für unsere Fahrt. Die klare Luft war noch herrlich kühl, es war angenehm zu fahren. Otto befand sich in heller Aufregung, denn links vor uns tummelten sich einige Springböcke mit silbern wellenden Prunkhaaren; der aufkommende Ostwind trieb dem Hund die frische Witterung direkt in die Nase.

Zwei Stunden später suchten wir uns zwischen zerschluchteten Bergfüßen mühsam einen Weg. Danach durchfuhren wir eine rote Sandfläche, auf der außer fünf einzelnen

Kameldornbäumen weit und breit nichts zu erblicken war. Etwas später wendeten uns ein paar Gemsböcke ihre grotesk schwarz-weiß gezeichneten Gesichter zu; wir schienen sie aber nicht weiter zu interessieren, denn sie trabten ruhig davon. Mit Besorgnis stellten wir fest, dass es weit und breit keinen Halm frischen Grases gab; nur grau verwitterte vorjährige Stubben ragten hier und da aus dem roten Sand.

Eine lange, sanft ansteigende Fläche mit einem Panzer brauner rundlicher Felsblöcke brachte das Kühlwasser unseres Wagens zum Kochen; wir mussten uns unseren Weg förmlich ertasten. Bald mussten wir uns dazu entschließen, den Kühler aus unserem Wassersack frisch aufzufüllen. Und wieder lag vor uns eine weite, rot schimmernde Senke, von hitzeflimmernden Luftschwaden, bläulichen Rauchfahnen gleich, überzogen. Zwei kleine Inselberge mit gezackten Felsgraten waren unser nächstes Ziel. Wir erkletterten den östlich gelegenen Grat, um einen Überblick zu gewinnen. Mit schmerzhaft verkniffenen Augen spähten wir durch die flirrenden Lichtfluten. Am fernen südlichen Ende der riesigen Kalkfläche entdeckten wir eine weiß leuchtende Felsbastion. Dort irgendwo musste der Kuiseb-Canyon liegen. Von dort aus griffen auch scharfrandige Schluchten, fein gefiedertem Astwerk gleich, in die hellen Flächen hinein.

In dem hitzeflimmernden Licht war es nicht leicht, die Hauptwasserscheide auszumachen. Wir versuchten, mit unseren Gläsern die spärlichen Landmarken in den kahlen Flächen zu finden, wollten wir doch so nahe wie nur eben möglich an den Hauptcanyon herankommen, ohne uns zwischen den unzähligen Seitenschluchten zu verirren. Nur im Kuiseb-Canyon konnten wir mit Sicherheit Wasser erwarten.

Im Schneckentempo kroch unser Wagen über scharfes, Reifen fressendes Kalkgeröll. Der erste Richtpunkt, den wir passierten, war ein verdorrtes Kameldornbäumchen. Erst mehrere Kilometer weiter stießen wir auf den zweiten: Die weiße Felsbastion schien noch kaum näher gerückt. Ein Springbock lief über die schimmernde Fläche; er schien zu schweben, von der flirrenden Luft grotesk verzerrt. Unsere Augen brannten, von der Backofenhitze überanstrengt. Und dann gewahrten wir einen grünen Punkt; er zog uns an wie ein Magnet. Ein kleines Vley war es, eine runde Mulde, in der sich alle paar Jahre einmal ein paar Wassertropfen sammeln mochten, eine armselige, wasserlose Oase, von ein paar Bäumen umstanden.

Es war nicht viel, und doch, welche Wohltat war es schon, im spärlichen Schatten der Arubäume Atem zu schöpfen. Wir beschlossen, zu lagern und uns dann nach einem geeigneteren Wohnplatz umzusehen.

Als wir abgeladen und etwas gegessen hatten, war der Nachmittag schon vorgerückt; frischer Westwind hatte die Hitze verdrängt. Unter der schrägen Sonne sahen wir, dass zwischen dem Kalkgeröll in weiten Abständen vereinzelte Grashalme wuchsen. Es schien hier also wenigstens etwas geregnet zu haben. Unter diesen Umständen musste eigentlich auch Wild in der Nähe sein. Und richtig, nach einem Weilchen gewahrten wir vor dem dunklen Hintergrund einer Felskante zwei Punkte, die sich bewegten: weidende Springböcke. Ob es uns wohl gelingen würde, in der fast deckungslosen Ebene auf Schussweite heranzukommen? Die Schwierigkeit bestand darin, dass wir kein Gewehr hatten: Wir hatten unsere Jagdwaffen bei Kriegsbeginn abgeben müssen. Eine große Parabellum-Pistole und eine Schrotflinte hatten wir »gerettet«. Auch unser Munitionsvorrat war spärlich genug: Wir verfügten über vierundvierzig Schuss Munition für die Flinte und über rund dreihundert Schuss für die Pistole.

Hermann war, als wir berieten, wie gewöhnlich optimistisch, und Otto deutete durch aufgeregtes Schwanzwedeln an, dass er sich anheischig mache, den Springbock allein zu fangen. Ich bezog schließlich nach eingehendem Kriegsrat in ziemlich weiter Entfernung von den Tieren Stellung. Zwischen zwei Kalkblöcken liegend, die Schrotflinte neben mir, beobachtete ich durch das Glas, wie Hermann und Otto sich langsam an die Felskante heranarbeiteten. Jetzt bekam Otto den Wind der Springböcke in die Nase, das Jagdfieber packte ihn, er machte Anstalten, loszurasen; Hermann drohte mit der Hand, und der Hund gehorchte, er blieb etwa dreißig Meter hinter Hermann zurück, der sich zunächst geduckt gehend, dann kriechend vorwärtsbewegte.

Schließlich war Hermann an der Felskante. Näher konnte er sich kaum heranwagen; die Springböcke waren sicher noch an die hundert Meter vor ihm. Ich sah, wie er langsam die Pistole hob und mit aufgestütztem Arm zielte. Vor Erregung verhielt ich den Atem, ließ die Tiere keine Sekunde aus dem Blick. Und dann fiel der Schuss. Der rechte Bock machte zwei Sprünge, dann blickten beide Tiere offensichtlich verblüfft zu der Felskante hinüber. Hermann zielte abermals, aber bevor er schießen konnte, war Ottos Geduld zu Ende. In wilden Sätzen jagte der Hund an ihm vorbei. Die Antilopen rasten in langen, federnden Sprüngen davon – leider nicht in meine Richtung.

Wir trafen uns im Vley wieder und verloren nicht viele Worte. Wir begriffen, dass wir augenscheinlich noch viel zu lernen hatten. Otto kam erst viel später zurück; er verkroch sich japsend unter dem Auto.

Wie herrlich war die erste Morgenstunde in der Wüste! Die scharfkantigen Felsblöcke warfen lange blaue Schatten, die Windharsch über einem Schneefeld glichen. Im Osten stand das Hochland vor uns wie eine stahlblaue Wand; die leuchtende Kalkbastion schien nur wenige Minuten entfernt. Aber als wir endlich an ihrem Fuß hielten, war der Zähler um acht Kilometer weitergerückt.

Wie sollten wir hinaufkommen? Ein steiler Geröllhang schien mir befahrbar. Im ersten Gang jagte ich den Wagen hinauf, dass die Kiesel spritzten. Ich schaffte es und atmete erleichtert auf. Aber mein Lächeln blieb gleich im Ansatz stecken, denn die Welt schien plötzlich vor dem Kühler unseres Autos zu Ende. Ich riss das Steuer herum, wobei mein Ellbogen Ottos Nase traf, dann stand der Wagen quer. Wir befanden uns nicht auf einem Plateau, sondern auf einem schmalen Grat. Beklommen blickten wir in die Tiefe hinab, in eine Unterwelt von wilden grauen Felsgraten, schwarzen Schatten und wirren Schluchten. Aber dann sahen wir auch den tiefen Einschnitt des Hauptcanyons: ein weißes Sandbett zwischen unzähligen dunklen Schründen und Klüften. Leuchtende Kalktafeln breiteten sich vor unserem Blick, dahinter schimmerten blau die gezackten Inselberge; fern unter dem Horizont gewahrten wir die roten Dünen.

Fasziniert starrten wir in die grausige Tiefe. Welch grandiose, erbarmungslose Landschaft, undenkbar unter dem milden Himmel gemäßigterer Breiten! Einem fantastischen Irrgarten gleich, umgaben jäh abstürzende, grausam nackte Felsschluchten den Hauptcanyon wie verfilztes, verdorrtes Aderwerk. Das waren die »Gramadullas«, von denen einmal jemand gesagt hatte, der Teufel habe sie in einer bösen Stunde erschaffen.

Der Gedanke, dass dieses barbarische Land nun, vielleicht für lange Zeit, unsere Heimat werden sollte, erfüllte mich mit Schrecken und zugleich mit einem Gefühl wilder Freude. Hermann sprach einen nüchterneren, aber zweifellos richtigen Gedanken aus: »Hier dürfte uns so leicht niemand finden!«

Wir erreichten das Hauptplateau unserer Felsbastion über einen schmalen Pass. Es umfasste eine Fläche von rund drei

Kilometern in der Länge und fünfhundert Metern größter Breite und war bis auf einen kleinen Kameldornbaum und ein paar knorrige Nonibüsche in einem tiefen, kleinen Vley vollkommen kahl. Im Vley versteckten wir unseren Wagen und suchten uns dann einen Abstieg in den Canyon. Wir mussten uns vor allem Klarheit über die Wasserverhältnisse verschaffen, bevor wir irgendwelche weiteren Entschlüsse fassten.

Ein Zebrawechsel führte uns an starren weißen, vom Wind ausgehöhlten Wänden und haushohen kantigen Blöcken vorbei, die von den überhängenden Simsen herabgestürzt waren. Unten begann dann der Irrgarten von scharfen Schluchten und gerippten Glimmerschiefergraten. Wo sollten wir den Einstieg versuchen? Die unteren steilen, oft überhängenden Wände des Hauptcanyons waren sicher nur an wenigen Stellen gangbar; von oben waren sie nicht einzusehen. Das Sicherste schien uns, weiter einem großen Zebrawechsel zu folgen. Die Tiere lebten hier seit Jahrtausenden; auf ihren Instinkt konnten wir uns verlassen.

Der Wechsel hielt sich an die Grate, denn die Seitenschluchten vermochten den Höhenunterschied nur mit hohen, glatt geschliffenen Fallstufen zu überwinden. Hier war alles nackter Fels, ein unwegsames Gewirr scharfer Schichtrippen und seidig glänzender Schieferplatten. Die niedrigen grauen Fahlbüsche und die vereinzelt wachsenden kahlen Balsamsträucher glichen kaum lebenden Pflanzen. Es schien uns ein Wunder, dass in dieser heißen Felsenwildnis überhaupt etwas Lebendiges existieren konnte.

Plötzlich vernahmen wir ein paar kurze scharfe Pfiffe. Aufblickend gewahrten wir ein Klippspringerpärchen, gemsenartige kleine Antilopen. Sie standen auf hoher Felsenkante und lugten neugierig nach den Eindringlingen aus. Abermals ertönte ein Pfiff, und Gummibällen gleich, schnellten die

Tiere von Sims zu Sims, um in einer nahe gelegenen Schlucht zu verschwinden.

Schwerfällig bewegten wir uns auf unserem Zebrawechsel weiter und erreichten bald das breite Sand- und Kiesbett des Canyons. Ein paar Hundert Meter aufwärts entdeckten wir einen Wasserkolk. Zunächst tranken wir; auch Otto war glücklich, endlich seinen Durst löschen zu können. Und dann – wir trauten zunächst kaum unseren Augen – sahen wir vor uns eine riesige Fährte. Riesig jedenfalls im Vergleich zu den Zebra- und Gemsbockspuren, die daneben im nassen Schlamm abgedrückt waren. Es war eine Zweihuferfährte. Hermann, mit dem leicht die Fantasie durchging, murmelte etwas von Giraffen. Ich lachte ihn aus. Und darin kam uns die Erleuchtung: Es war eine Rinderfährte! Wer hätte hier auch gleich an Rinder gedacht? Jetzt erinnerten wir uns, auf den Farmen weiter oben am Kuiseb einmal von verwilderten Rindern gehört zu haben. Aber so weit draußen in der Wüste hatten wir mit solcher Möglichkeit nicht gerechnet. Sicher, es gab Wasser im Canyon. Aber gab es auch Nahrung? Nirgends war auch nur ein Grashalm zu sehen. Bald darauf fanden wir noch eine kleinere und eine ganz kleine Spur. Kein Zweifel, es handelte sich um eine Rinderfamilie, Bulle, Kuh und Kalb. Welch hypothetische Bereicherung unserer Speisekammer zeichnete sich da ab! Erregt, äußerst vorsichtig nun, gingen wir weiter. Von jeder Ecke des gewundenen Canyons spähten wir aus; wir konnten es uns nicht leisten, die kostbaren Tiere zu vergrämen.

Allein, wir bekamen sie nicht zu Gesicht. Dafür stießen wir auf erfreulich viel Wasser. Fast an jeder Biegung der Schlucht fanden wir einen kleineren oder größeren Kolk.

Und dann machten wir die zweite große Entdeckung dieses Tages. In einem kleinen, fast ausgetrockneten Tümpel schwamm – wer hätte das zu denken gewagt? – ein toter Fisch. Ein Karpfen! Und das mitten in der Wüste! Nun, eines war klar, wo der eine war, mussten noch mehr sein. Wir wateten in das knietiefe Wasser und tasteten mit den Füßen den Schlamm ab. Plötzlich schrie Hermann. »Hier war einer!« Er tauchte mit den Armen in das trübe Wasser. Er bekam den Karpfen nicht gleich zu fassen, aber es gelang ihm, ihn an das seichte Ende des Kolkes zu treiben. Das Wasser spritzte, und Otto bellte, und schließlich gelang es Hermann, das Tier zu packen und zu überwältigen. Es war ein gut und gern vierundzwanzig Zentimeter langer Karpfen. Wir waren sehr stolz auf diesen Fang. Da es Mittag war und wir Hunger hatten, beschlossen wir, den Fisch unverzüglich zu verspeisen.

Da setzte gleich eine Schwierigkeit ein: Wie sollten wir den Karpfen ohne Topf und Pfanne zubereiten? Wir beschlossen, ihn auf einem flachen Stein zu braten. Trockenes Schwemmholz gab es genug. Aber wir hatten kein Salz. Bisher hatten wir auch an keinem der Kolke Salzausblühungen gesehen. Unsere Blicke fielen auf ein paar graugrüne Tamariskenbüsche. Diese Büsche pflegen Salz auszuschwitzen. Sie können deshalb auch noch in salzigem Grundwasser wachsen, wo kein anderer Baum oder Busch mehr gedieh. In einer Felsennische entzündeten wir ein kleines Feuer, stäubten ein paar Tamariskenzweige über unsere erste Jagdbeute und warteten ungeduldig, dass sie gar werden möchte. Das brauchte auf der Steinplatte ziemlich viel Zeit. Später lernten wir bessere Arten der Fischzubereitung.

Woher aber kamen diese Karpfen? Vermutlich waren sie in der großen Regenzeit 1934 aus gebrochenen Farmdämmen im Hochland heruntergeschwemmt worden Das lag jetzt sechs Jahre zurück. Die Kolke hatten also während dieser sechs Jahre immer Wasser geführt; das zu wissen, war recht beruhigend. Der Zustand des Rivierbettes dagegen zeigte, dass der Kuiseb schon länger als ein Jahr lang nicht mehr gelaufen war, und das war beunruhigend.

Nun jedenfalls: Fische in der Wüste, das war eine herrliche Entdeckung. Dankbar tauften wir unsere Felsbastion »Karpfenkliff«.

Bis zum Einbruch des Abends streiften wir noch umher und durchsuchten die Westabbrüche des Kliffs nach einem geeigneten Wohnplatz. Wir fanden keinen Ort, der uns passend erschien. So fuhren wir denn für die Nacht zum Arubaum-Vley zurück. Auf dem exponierten und leicht einzusehenden Plateau wollten wir kein Feuer entfachen.

Die Ostecke des Karpfenkliffs wurde vom Hauptteil des Plateaus durch einen Pass mit hässlichen scharfen Kalkstufen getrennt. Wir waren gezwungen, eine provisorische Pad zu schaffen und zu diesem Zweck Felsbrocken beiseite zu wälzen und Stufen mit Steinplatten aufzufüllen, um mit dem Wagen durchzukommen. Die Mühe lohnte, denn schon im nächsten Felserker fanden wir eine große Halbhöhle, eine weit überhängende Felswand mit flachem Boden. Plätze dieser Art waren schon zur Steinzeit als Wohnungen benützt worden. Auch die Lage war gut. Nach Süden gerichtet, bot der Überhang den bestmöglichen Schutz vor der Sonne; zudem führte ein tief ausgetretener Zebrawechsel zum Canyon hinab. Uns aber war noch etwas anderes wichtig: Die nächste Farm war über fünfzig Kilometer entfernt, und zu unserem Gramadulla-Versteck gab es nur einen einzigen, schwer aufspürbaren Zugang. Einen besseren Wohnplatz konnten wir uns nicht wünschen.

Der Westteil des Felsüberhanges war am tiefsten; hier beschlossen wir, unser »Wohnzimmer« einzurichten. Wir stellten unsere zwei kleinen Klappstühle hinein, einen alten Blechkoffer, der als Tisch dienen musste, und zwei leere aufeinandergestellte Benzinkisten als Schrank. Den Radioapparat stellten wir in die obere Kiste.

An das »Wohnzimmer« schloss sich die »Küdie« an. Viel Holz gab es in der näheren Umgebung nicht, deshalb durfte der Ofen nicht zu viel Zug haben. Wir hoben eine lange rechteckige Grube aus und kleideten sie mit Steinplatten aus, die wir vom Fuß des Kalkkliffs holten. Den Küchenschrank bauten wir gleichfalls aus Benzinkisten; entlang der Felswand errichteten wir ein langes niedriges Sims, auf dem wir den Inhalt eines Kartoffel- und eines Apfelsinensackes ausbreiteten. Auch unseren Konservenvorrat: Marmelade, hier Jam genannt, Sauerkraut und Tomatenpüree, bauten wir dort auf. Mehl, Zucker, Reis, Dörrobst und ähnliche Lebensmittel sollten in der Kabine des Wagens verstaut werden. Leider wussten wir noch nicht, wo wir den Wagen selbst unterbringen sollten.

Hinter der »Küche«, am wenigsten geschützt, richteten wir unser »Schlafzimmer« ein. Dies geschah auf sehr einfache Weise. Wir gruben uns je eine flache Schlafkuhle mit sorgfältig abgemessenen Vertiefungen für Hüften und Schultern in den harten Höhlenboden, breiteten ein Segeltuch darüber und legten darauf unsere Schlafsäcke, Decken, Leinentücher und Kopfkissen. Tagsüber gedachten wir, das große Segeltuch über die Betten zu ziehen.

Am Nachmittag betrachteten wir unser Werk. Unser Heim machte noch einen recht unwohnlichen Eindruck, aber immerhin befanden wir uns unter Dach. Da unser Wasservorrat zur Neige ging, packten wir Wassersäcke und Feldflaschen in unsere Rucksäcke und stiegen in die Unterwelt hinab, in deren Schluchten sich schon die Abendschatten sammelten. Der Zebrawechsel zeigte frische Fährten. Von der Felsenecke aus spähten wir hinunter und dachten dabei an die Rinderspuren, die wir gesehen hatten. Außer ein paar Tamarisken und einigen jungen Anabäumen war das Flussbett leer.

Schon hundert Meter unterhalb der Einmündung des Wechsels fand sich ein Kolk, der an seinem unteren Ende zwischen schützenden Büschen dunklen, feuchten Schwemmboden aufwies. Ich grub mit der Hand in der schweren, kühlen Erde. Hier musste es möglich sein, einen Garten anzulegen. Wie eine Verheißung lagen die paar Quadratmeter fruchtbaren Bodens inmitten des staubtrockenen weißen Sandes unter der heißen grauen Felswand. Während wir Wasser schöpften, fantasierten wir schon von großen grünen Mangoldblättern und roten, saftigen Tomaten. Da plötzlich riss ein jäher Pfiff unsere Köpfe empor. Unmittelbar über uns stand ein Klippspringer in der Wand. Hermann konnte Otto mit einem schnellen Griff gerade noch am Schwanz packen; im gleichen Augenblick hob ich die Schrotflinte. Laut hallend dröhnte das Echo des Schusses von Wand zu Wand. Das Böckchen stürzte und schlug auf den Felsen neben dem Wasser auf.

Der Rückweg mit dem Wasser und der kleinen Antilope wurde uns bei dem Höhenunterschied von zweihundert Metern ziemlich sauer. Dafür nahmen wir die tröstliche Gewissheit mit, dass es uns zukünftig an Gelegenheit zum Training nicht fehlen würde.

Später stand eine schmale goldene Mondsichel am klaren westlichen Himmel. Wir aßen Leber und Hirn, während Otto sich mit dem Hals des Klippspringers begnügte. Dazu aßen wir das letzte Stück des von Windhoek mitgebrachten Brotes. Wir saßen noch lange und sprachen vom Krieg und von den uns gegebenen Möglichkeiten, uns in der Einsamkeit der Wüste zu behaupten. Das Kreuz des Südens stand funkelnd unter dem Felsendach, die Kanten der Kalkbastionen waren helle Linien zwischen den Sternen und der gestaltlosen Tiefe. Es war so still, als tropfe die tödliche Stille des Weltenraumes von den Sternen herab.

Wir wussten: Wir würden ein Leben an der Grenze zu führen haben, rein körperlich an der Grenze der Lebensmöglichkeit überhaupt. Das war das Gesetz der Wüste. Aber auch seelisch würde es nicht anders sein. Wir würden ein primitives Leben führen und uns hart an der Grenze wilder, gestaltloser Rohheit bewegen müssen, wollten wir überleben. Und doch durften wir unsere feiner entwickelten Gefühle und die Oberwelt des wachen Verstandes nicht verleugnen, wenn wir geistig gesund bleiben wollten. Das waren sehr gegensätzliche Bedingungen, die vereint werden mussten. Oft waren Menschen, denen das nicht gelang, in ähnlicher Einsamkeit dem Wahnsinn verfallen. Nicht selten hatte Zwiespalt zu Mord und Totschlag geführt. In der sternweiten Einsamkeit dieser stillen Nacht fühlten wir, dass die Zukunft viel von uns fordern würde, dass zu den Abenteuern des Jägerlebens die Abenteuer des Geistes kommen mussten. Wir konnten vielleicht lernen, wie Buschmänner zu leben, aber wir konnten niemals zurückfinden zu ihrer Art des Denkens und Fühlens.

Kindheit und Jugend in Südwestafrika

Helmut Kangulohi Angula

Haimbodi ya Haufiku wurde 1937 in Ohangwena im Norden Namibias, unweit der angolanischen Grenze, geboren. Sein Vater Haufiku erinnerte sich nicht an den Tag, an dem sein Sohn das Licht der Welt erblickte, da er weder schreiben noch lesen konnte. Aber er wusste sehr wohl das Jahr. In diesem Jahr hatte man auf besondere Weise des Krieges zwischen König Mandume von Kwanyama und den Portugiesen gedacht, der vor zwanzig Jahren, im Jahre 1917 also, stattgefunden hatte.

König Mandume war von den Portugiesen und Buren geschlagen und sein Königreich in zwei Teile geteilt worden. Die eine Hälfte wurde von Pretoria, die andere von Lissabon verwaltet. Wie das Königreich hatten die Sieger die Leiche des Königs zweigeteilt. Sein Kopf war nach Windhoek, sein Körper nach Ondjiva gebracht worden. Mit Mandumes Tod hatte das Königreich von Kwanyama aufgehört zu bestehen. Die königliche Familie hatte sich versteckt … Haimbodi war es gewohnt, diese Geschichten von seinem Vater zu hören, da dieser an dem Krieg gegen die Portugiesen teilgenommen hatte.

Haufiku hatte drei Frauen. Haimbodi war der dritte Sohn der dritten Frau. Die Familie war groß, sie bestand ungefähr aus sechzehn Personen. Dem Brauch zufolge säuberten die Frauen das Haus, bebauten die Felder und bereiteten das Essen. Die Männer waren für die Haltung der Rinder, das

Bauen von Häusern und das Graben von Brunnen verantwortlich.

Haufiku hatte eine große Rinderherde. Haimbodi verbrachte einen Teil seiner Zeit mit seinen älteren Brüdern beim Rinderposten seines Vaters. Der Posten war in Oshimpolo, fünf Tage zu Fuß von seinem Elternhaus entfernt. Oshimpolo liegt in einer stark bewaldeten Gegend östlich von Ohangwena und ist zum Züchten von Rindern sehr gut geeignet. Allerdings gab es dort viele wilde Tiere, auch Löwen. Die Jungen von Ohangwena verbrachten sechs oder auch mehr Monate des Jahres in Oshimpolo und kehrten nur während der Regenzeit nach Hause zurück.

Es war eine harte Zeit dort draußen. Es war nie leicht, Wasser zu finden. Sie lebten nur von Milch und Fleisch. Sie hatten darauf zu achten, dass die Rinder nicht von Löwen angefallen wurden. Sie liebten die Rinder so sehr, dass die Nachricht von einem vermissten Rind schlimmer war als die vom Tode eines Verwandten. Sie warteten geduldig auf den Sommer, die Jahreszeit, zu der sie nach Hause zurückkehren würden, um all die erlebten und auch erfundenen Geschichten zu erzählen. Die Geschichten von ihren Kämpfen mit den wilden Tieren: wie sie einmal mehr als zwanzig Löwen vertrieben … Die Mädchen unter ihren Zuhörern waren immer begierig, diese Geschichten von solch außergewöhnlichen Heldentaten zu hören.

Im Herbst veranstalteten die Dörfer einer Nachbarschaft oftmals eine Ochsenschau. Die Jungen und Väter führten die wohlgenährten Ochsen vor, um sie gegeneinander antreten zu lassen. Die für den Wettkampf vorgesehenen Ochsen wurden einer nach dem anderen in einen Kraal getrieben, wobei die Trommeln geschlagen wurden und die Frauen hohe, trillerartige Schreie ausstießen. Erfahrene Alte waren die Richter. Der schwerste Ochse, der den größten Beifall erhielt, wurde

Sieger. Der Besitzer erhielt eine Belohnung. Der Sieg des Ochsen machte auch den Besitzer berühmt. Einmal gewann Haimbodi den Wettkampf. Es war einer der glücklichsten Tage seines Lebens.

Haimbodi hatte nie Gelegenheit gehabt, die Schule zu besuchen. Sein Vater hatte es abgelehnt, die Söhne zur Schule zu schicken. Einmal waren Missionare in ihr Dorf gekommen, um die Bewohner zum Christentum zu bekehren. Einige wurden Christen, andere weigerten sich. Haufiku war einer derer, die sich weigerten.

Irgendjemand hatte einmal versucht, Haufiku einige Stellen der Bibel zu erklären. Die Stelle, an die er sich besonders erinnerte und die er am meisten hasste, besagte: Wenn man einen Schlag auf die rechte Wange erhält, muss man sich auch auf die linke Wange schlagen lassen. An einer anderen Stelle, die er nicht bereit war anzunehmen, hieß es, man solle anderen »sieben mal siebenundsiebzig Mal« vergeben. Haufiku hatte niemals verstehen können, wie er den Portugiesen vergeben könnte. Er verurteilte das Christentum, weil es die Menschen lehrt, unterwürfig zu sein.

Manchmal, und zwar meistens bei Hochzeitsfeiern, traf Haimbodi Jungen, die die Schule der Odibo-Mission besuchten. In ihrer Schuluniform sahen sie vornehm aus. Und sie sprachen Englisch. Dabei taten sie nur so, als verstünden sie Englisch. Sie sagten englische Gedichte auf, die sie auswendig zu lernen hatten, und weckten so den Anschein, als beherrschten sie die Sprache. Haimbodi, der diese Angeber erst später durchschaute, war neidisch auf sie. Er überlegte, ob er seinen Vater bitten sollte, ihn zur Schule zu schicken. Doch wie er seinen Vater kannte, wusste er, dass es unmöglich war, ihm seinen Wunsch zu gestehen.

Mit sechzehn Jahren war Haimbodi alt genug, um in den Minen oder auf den Farmen der Weißen im Süden des Landes zu arbeiten. Viele seines Alters waren schon im Süden, um dort unter Kontrakt zu arbeiten. Haimbodis Vater hatte ihm bisher die Erlaubnis dazu verweigert, weil Haimbodi noch zu jung sei. Man muss sehr stark sein und sich verteidigen können, um für den weißen Mann zu arbeiten, hatte Haufiku zu Haimbodi gesagt.

Die Anwerbung für einen Kontrakt war ein langer bürokratischer Vorgang. Im Alter von fünfzehn Jahren mussten die Jungen im Norden Namibias anfangen, eine Steuer zu zahlen, ohne die man nicht in den Anwerbungstest kam. Die Bezahlung der Steuern wurde von den Chiefs mit Nachdruck kontrolliert. Es war schwierig, eine solche Steuer zu umgehen, es sei denn, man war mit jemandem aus der Verwaltung verwandt. Manchmal wurde die Steuer in bar bezahlt, manchmal mußte man auf den Feldern des Chiefs arbeiten oder eine Anzahl Ziegen oder eine bestimmte Menge Korn abliefern.

Wenn jemand seine Steuer nicht zahlen konnte, wurden ihm eine genau festgelegte Anzahl Schläge auf das Hinterteil mit dem sjambok – der Nilpferdpeitsche – verabreicht. Diese barbarische Methode wurde von den Kolonialbeamten ohne Gnade angewandt. Einen, der die Peitsche besonders gut zu handhaben verstand, nannten die Leute Shongola, das ist in Oshivambo das Wort für Peitsche, einen anderen Gwepa, das heißt »Schläger mit der Peitsche«. Nachdem man geschlagen worden war, kamen die Verwandten, um das verletzte Opfer ins Missionsspital zu bringen. So ein Krankenhaus war in der Regel weit entfernt, weil in der Nähe der Büros der Kolonialverwaltung Krankenhäuser nicht zugelassen waren.

Die einzigen von der Entrichtung der Steuer Befreiten waren Fremde aus dem Norden, die in Namibia Arbeit suchten. Sie wurden genau überprüft. Sie mussten Papiere vorzeigen oder nachweisen, dass sie eine angolanische Sprache sprechen konnten.

Als Haimbodi sechzehn geworden und entschlossen war, auf Kontrakt zu gehen, konnte sein Vater dem nichts mehr entgegenhalten, da es Jungen im gleichen Alter in der Nachbarschaft gab, die bereits mit reichen Geschenken für ihre Eltern aus dem Süden zurückgekommen waren.

Die Mutter braute Bier, und mehrere Hühner wurden geschlachtet. Einige ältere Leute aus der nahen Nachbarschaft wurden eingeladen, um Haimbodi Auf Wiedersehen zu sagen. Da war sein Onkel, Shinedima, ein Mann von siebzig Jahren. Er belehrte Haimbodi, wie er sich in der Gesellschaft von anderen jungen Leuten zu verhalten habe, dass er hart arbeiten müsse, immer an seine Leute zu Hause denken und sich von Frauen fernhalten solle. Auch wurde ihm gesagt, an diesem Abend nicht zu seinem Mädchen zu gehen. Die Tradition der Ovambo verbietet einem Mann, mit einer Frau zu schlafen, wenn er eine wichtige Reise antritt. In früheren Zeiten galt dies insbesondere auch dann, wenn die Männer in den Krieg zogen.

Haimbodi fügte sich dieser Tradition, fühlte sich aber recht unglücklich, weil er gerne Namupa, dem Mädchen, das ihm am meisten aus der ganzen Gegend gefiel, Auf Wiedersehen gesagt hätte. Von seinem Vater erhielt Haimbodi ein Schwert, ein Symbol der Selbstverteidigung.

Haimbodi brauchte zwei Tage, um Ondangwa zu erreichen. Ondangwa ist der Sitz der SWANLA, die schwarze Arbeiter aus Kavango- und Ovamboland für Kontrakte anwirbt. Da Haimbodi kein Geld hatte, um die Steuer zu bezahlen, wurde er für eine Woche auf das Feld eines Unterchiefs geschickt, um die Steuer abzuarbeiten.

Das Anwerbungszentrum in Ondangwa war das Unmenschlichste in der kolonialen Maschinerie, was Haimbodi bis zu diesem Zeitpunkt erlebt hatte. Hier wurden die Kontraktanwärter von den weißen wie schwarzen Angestellten des Vermittlungsbüros wie Tiere behandelt. Dabei waren die Schwarzen oft noch schlimmer als die Weißen. Die Schwarzen versuchten, die Weißen besonders gut nachzuahmen und diese damit davon zu überzeugen, dass sie »nützliche Diener« waren.

Manchmal wurden bis zu fünfzig Bewerber in eine Halle gebracht, wo sie sich nackt ausziehen mussten. Die SWANLA-Vertreter stellten sie zur Untersuchung auf, üblicherweise in zwei Reihen.

Wenn sie überprüften, ob die Bewerber bereits das Alter der Mannbarkeit erreicht hatten, zogen sie manchmal an den Schwänzen, nur so aus Spaß, um zu zeigen, wie mächtig sie sind. »Mburunganya«, brüllte einer der SWANLA-Leute, was hieß, dass sich die Arbeiter nach vorne zu beugen und den Hintern herauszustrecken hatten. Jene, welche die Untersuchung durchführten, stellten sich hinter die Bewerber. Manchmal betätschelten sie einen Hintern, manchmal versetzten sie dem Bewerber einen Tritt, um sich, wie sie meinten, den notwendigen Respekt zu verschaffen. Fanden sie eine »Anomalität« bei einem der Anwärter, machten sie sich gemeinsam über diese lustig. Das geschah nicht selten, da Anwärter, die bereits einen Kontrakt hinter sich hatten, oft von ihren Dienstherren verprügelt worden waren und die Zeichen der Misshandlung deutlich sichtbar waren.

Diejenigen, die die Pubertät noch nicht erreicht hatten, wurden ausgesondert. Je nach körperlicher Verfassung wurden die anderen den Kategorien A, B, C oder D zugeordnet. A-Kategorie hieß, geeignet für Minenarbeit, B für Hausarbeit und städtische Industrie. C und D waren die Kategorien für verschiedene Arten von Farmarbeit. Haimbodi wurde in C eingestuft. Er sollte achtzehn Monate als Küchenjunge auf einer Farm arbeiten.

Grootfontein war die nächste Station für alle Kontraktarbeiter. Von Grootfontein aus wurden sie für die verschiedenen Gebiete Namibias eingeteilt. Haimbodi kam nach Outjo.

Die Gegend von Outjo ist berüchtigt, weil die dort überwiegend siedelnden Buren dafür bekannt waren, dass sie mit einem Kaffer nicht viel Federlesens machten. Das Gericht von Outjo hatte noch nie eine Klage eines Schwarzen gegen einen Buren zu entscheiden gehabt. Wenn ein Bure eine Beschwerde gegen einen Afrikaner hatte, wurde dieser grundsätzlich auf der Polizeiwache mit dem Schlagstock »behandelt«. In der Kleinstadt Outjo ist es für einen Afrikaner bereits ein Verbrechen, wenn er in der Öffentlichkeit eine Zeitung liest. Weißbrot durfte gemäß behördlicher Anordnung nicht an Schwarze verkauft werden. Es war durchaus nicht außergewöhnlich, dass ein Farmer, der einen seiner Schwarzen umgebracht hatte, mit einer Strafe von zwanzig Pfund davonkam.

Die Felsgravuren von Twyfelfontein

Ernst Rudolf Scherz

Die Regenzeit war noch in vollem Gange, als wir aufbrachen. Alles grünte und blühte in voller Pracht. Bald fuhren wir in ein schweres Gewitter hinein, die Riviere liefen, die Pad stand weithin unter Wasser. Ob wohl der kleine Landrover den schweren Anhänger weiterbringen würde? Es war ein mühsames Fortkommen. Einmal saßen wir für eine Stunde im tiefen Dreck. Die Nacht brach herein, immer wieder erleuchtet von Blitzen. Unsere Befürchtung, irgendwo festgefahren die Nacht verbringen zu müssen, erfüllte sich nicht. Über 200 km hatten wir hinter uns, als wir spätabends in Omaruru unser Hotel erreichten, todmüde, völlig verdreckt, aber sehr glücklich, unser Pensum geschafft zu haben. Am nächsten Nachmittag erreichten wir Twyfelfontein, weit im Nordwesten unseres Landes an der Grenze der Besiedlung, 450 km von Windhoek. An dieser außergewöhnlich reichen Fundstelle sollte meine Arbeit beginnen. Auch hier wogendes Gras und blühendes Veld. Weit über mannshoch standen die verschiedenen Sesamarten am Weg, bedeckt mit großen, glockenblumenähnlichen Blüten, rosa, violett und dunkelrot. Überall jagte das Auto Schwärme von Vögeln auf, spatzenähnliche in ungezählten Scharen, Stare, Veldhühner. Überall im Veld waren ihre Nester, man trat förmlich auf sie. Die vierbeinigen Räuber waren in der Dürre zugrunde gegangen oder abgewandert. So vermehrten sie sich unvorstellbar. An unserem Lagerplatz standen ausgewitterte Steine als Tränken, und den ganzen Tag schwirrten Scharen von ihnen zum Wasser.

Wir näherten uns Twyfelfontein durch eine weite Sandebene. Der Awahuab zu unserer Rechten, umstanden von alten, knorrigen Mopanebäumen, war weit über seine Ufer getreten und hatte sich fünf neue Betten gewühlt. Vor uns lag die klare Front eines Tafelberges aus blutrotem Sandstein. Aus den Schutthalden von Sand und riesigen Blöcken stiegen die senkrechten Wände zur Tafelhochfläche empor, nur an wenigen Stellen durchsteigbar. Ein weites Tal öffnete sich vor uns in dieser gewaltigen Mauer. Unser Ziel. Auch hier wieder tolle Wände über wüsten Schutthängen.

Wo eine kleine Quelle diesen Blockhalden entsprang, stand das winzige Farmhaus. Die letzten fünf Jahre hatte der Besitzer nach Norden und Osten wandern müssen, um für seine Schaf-und Ziegenherden Weiden zu suchen. Nun war er wieder zu Hause. Er begriff so wenig wie wir, wie diese weiten Flächen, wo jahrelang der Wind im sterilen, roten Sand spielte, jetzt voll hohem, grünem Gras standen, wie Getreidefelder. An dieser kleinen Quelle hatten früher wohl die Jäger gelebt und auf das Wild gelauert, das zu dieser einzigen Wasserstelle im weiten Umkreis zog. Von diesem Wild hatten sie gelebt und seine Fußspuren tief in die Riesenblöcke der weiten Geröllhalden geschlagen.

Einen halben Kilometer vom Farmhaus, am grünen, schattigen Ufer des Hauptreviers, errichteten wir unser Camp. Es sollte schon in den ersten Tagen fast vernichtet werden. Bleischwarze Wolken zogen auf, Sturmböen rissen an den Zeltplanen, Wasserfluten stürzten vom Himmel. Wir hatten alle Hände voll zu tun. Lie, unser schwarzer Helfer, und ich versuchten, alles Wassergefährdete in den Wohnwagen zu retten, die Spannseile der Zelte zu lockern und hinter den

Töpfen herzurennen, mit denen der Sturm Fußball spielte. Die von häufigem, starkem Regen gesättigte Erde nahm die Fluten nicht auf, die überall flossen, gurgelten, schäumten. Donnernd kam wenige Meter neben und unter uns das Revier zu Tal. Einige alte, entwurzelte Baumriesen kämpften mit den Fluten.

Doch wie gekommen, so gegangen. Hell schien die Sonne in die schwarzen Wolkenberge, die über die purpurleuchtenden Bergwände fortzogen. Donnernd und brausend stürzten wohl zehn mächtige Wasserfälle auf den Tafeln des Berges gesammeltes Wasser über die senkrechten Wände zu Tal. Goldgrün glänzten dazwischen die frischen Büsche im Geröllhang, und über dem Ganzen stand schon wie am ersten Tag ein herrlich leuchtender Regenbogen. Was machte es da aus, dass der Pfeffer ein Wasserbrei war, der Zucker nass, die Betten im Modder fast versunken und wir drei drecküberkrustet! Jetzt erst die Kameras heraus, um festzuhalten, was von diesem tollen, herrlichen Schauspiel noch festzuhalten war.

Bald lief das Lagerleben seinen gewohnten Lauf. Nach frühem Frühstück ging es hinaus zu den Blöcken am Fuß der Wände. Platten mit Gravierungen wurden gesucht, eingehend betrachtet, beschrieben, fotografiert, bis die aufkommende Hitze zur Pause zwang, im Schatten der Blöcke mit dem Blick auf die Gravierungen, ihren Geheimnissen nachsinnend, dem verschiedenen Spiel ihrer Linienführung nachgehend, der verschiedenen Technik ihrer Arbeit nachforschend, ihrem verschiedenen Alter, verdeutlicht in den verschiedenen Graden der wiedererstehenden Patina. Noch ein, zwei Stunden der Hitze zum Trotz schreiben, fotografieren und dann völlig erschöpft zurück zum Lager. Heißer Tee in langen Zügen, tief ermüdetes Schlafen trotz der Glut. Wenn dann Lie bei sinkender Sonne am offenen Feuer für die einzige warme Mahlzeit des Tages sorgte, war für mich noch etwas Arbeitszeit. Wenn nicht das Lager – Wasser, Holz – oder das Auto praktische, technische Arbeit verlangte, klapperte die Schreibmaschine, um Seite und Seite der Notizen des Arbeitsbuches auszuführen oder manches über die Entstehung der Gravierungen niederzuschreiben. Hatten die alten Jäger mit ihren oft künstlerisch hinreißenden Bildern das Wild herbeilocken und für ihre schwachen Waffen bannen wollen? Wollten sie das tote Tier durch sein Abbild versöhnen oder ins Leben zurückrufen als neue Jagdbeute? Wollten sie die Vermehrung des Wildes sichern? Waren es die Totemtiere ihrer Sippe, die sie in den Stein schlugen? Es müssen schon gewichtige Gründe gewesen sein, die sie veranlassten, ungezählte Bilder mühsam erstehen zu lassen – über 2500 hier in Twyfelfontein. Nur zum Spaß, zum Zeitvertreib? Das wäre undenkbar. Oft hatten sie Flächen mit so vielen Gravierungen überzogen, dass sich die Tiere, die Fußspuren überschnitten, überdeckten, sodass die Kamera unmöglich dieses Gewirr auflösen konnte. Hier half nur, die Flächen mit großen Bogen Plastikfolie zu bedecken und auf ihr mit verschiedenen Farbstiften die Wirrnis zu klären, die einzelnen Figuren darzustellen. Viele Tage harter Arbeit in glühender Sonne.

Wo überhängende Felsen wandernden Jägerhorden Schutz vor Sonne, Wind und Regen boten, zeigen die Wände Malereien. Jagdwild auch hier, in verschiedenen Farben herrlich dargestellt und dazu die Menschen selbst mit Bogen und Keulen, mit Haarschmuck und Lendenschurz, gelegentlich im eiligen Lauf oder im Tanz. Welch Unterschied zwischen Malerei und Gravierung. Menschen wurden gemalt, fast nie graviert. Nur ihre Fußspuren findet man häufig in den Stein geschlagen und gelegentlich eine Hand, diese beiden wiederum fast nie gemalt. Nie sind die Fußspuren der Tiere gemalt, die graviert oft ganze Flächen bedecken. Wichtigster Unterschied aber: Jede Gravierung steht für sich allein, ohne Beziehung zur nächsten, während die Malereien oft Gruppen und Szenen darstellen. Fragen über Fragen. Sind die Malereien älter oder die Gravierungen? Sind es dieselben Menschen, die gravierten und malten? Sind die Unterschiede im Gravieren und Malen nur darauf zurückzuführen, dass die Jäger aus anderem Grund gravierten als malten? Immer mehr Fragen tauchen auf, und keine findet eine endgültige Antwort.

Oft unterbricht Besuch meine Arbeit. Fremde kommen aus Süd-West, Südafrika und Übersee, Laien und Wissenschaftler, um diese schon recht bekannte Fundstelle zu besichtigen. Natürlich erhoffen sie sich in mir einen Führer und Erklärer. Vormittags, während der Arbeit, ist da nichts zu machen. Aber mancher Nachmittag wird ihnen geopfert. Auch Freunde kommen, meist über ein langes Wochenende, und bringen erfreuliche Abwechslung und Frohsinn in den täglichen Ablauf. Ganz groß feierten wir so den Tag unserer Silberhochzeit. Zehn Freunde kamen zu drei herrlichen Festtagen.

Fünf Monate stand unser Camp in Twyfelfontein. Die Bearbeitung der schon bekannten Gravierungen und Malereien beanspruchte nur die gute Hälfte dieser Zeit. In den restlichen zwei Monaten wurde zunächst in langen Märschen und mit vielem Bergsteigen die Grenze der Twyfelfonteiner Kultur festgelegt. Eine Fülle von neuen Entdeckungen. Oben auf den Flächen der Tafelberge wurde einiges gefunden, herrliche Malereien hoch am Hang, wo Geröllhalde und senkrechte Wand zusammenstoßen. Ganze Blockhänge wurden ohne Ergebnis durchsucht, Nebentäler desgleichen, und dann fanden sich herrliche, uralte Gravierungen, seltsame Malereien meilenweit entfernt. Abgesucht wurden auch die weiter liegenden Wasserstellen bis in die Einöde der Namib hinein, bis zum Meer. Zwei weite, gewagte Fahrten mit Freund Viereck brachten die Kenntnis von vielen neuen Fundorten. Ich fand dabei eine Höhle, ausgemalt mit seltsamen Geistermenschen. Viereck einen versteinerten Wald, fünfundzwanzig Riesenbäume. Ein andermal fand ich tief im Niemandsland einen überhängenden Block, bemalt mit den herrlichsten vielfarbigen Antilopen und fünf grauen Elefanten mit dunkelroter Innenzeichnung. Tagelang arbeitete ich mit Lie, um sie auf Plastikfolie zu übertragen.

Könnte ich euch doch das tiefe Glück und die große Erregung schildern beim Fund einer solchen neuen, herrlichen Stelle. Seit Jahrhunderten hat vielleicht kein Menschenauge mehr auf diesen Linien geruht. All ihre Schönheit ist für mich aufgespart. Herzklopfen und ganz große Dankbarkeit.

Wie schmuggelt man Gewehre?

Sigrid Schmidt

Es waren einst zwei Brüder. Die waren zusammen in Windhoek. Zwei Ovambo-Brüder. Die beiden hatten Gewehre gestohlen. Viele Gewehre. Revolver und große Gewehre. Nun wollen sie die Gewehre nach Hause ins Ovamboland bringen. Sie wissen aber nicht, wie sie da bei Oshivelo durchkommen sollen. Damals konnte man dort nicht ungehindert durch, und alle Sachen von den Ovambo wurden strengstens kontrolliert. Wenn man von hier ins Ovamboland wollte, musste man aber dort bei Oshivelo über die Grenze. Nun zermarterten sich die beiden den Kopf, wie sie es nur anstellen könnten, um die Gewehre nach Hause zu kriegen. Die Gewehre waren schon gestohlen. Sie hatten sie schon bei sich.

Da hatte der jüngere Bruder eine Idee: »Mann! Älterer Bruder! Wir müssen einen Sarg kaufen. Wir machen es mit einem Sarg.« – »Was wollen wir denn mit einem Sarg machen?«, fragt der Ältere. – »Älterer Bruder! Wir kaufen einen Sarg. Und dann müssen wir zum Schlachthof fahren, und da kaufen wir Därme. Da die Därme, die schön stinken. Magen und Därme. Dann müssen wir erst die Gewehre in den Sarg legen und die Därme obendrauf auf die Gewehre, dass recht viele Fliegen herumschwärmen … Wir dürfen den Sarg auch nicht ganz fest zumachen. Wir müssen einen Spalt offen lassen, damit die Fliegen tüchtig herumfliegen. Und dass das Zeug darin verrottet. Und wenn wir an die Grenze kommen, dann müssen wir sagen: Ja, das ist unser Bruder, der in Windhoek gestorben ist. Wir wollen ihn ins Ovamboland bringen, damit er dort begraben werden kann.« – »Oh«, erwiderte der Ältere, »dein Plan klingt ja ganz schön, aber ich habe doch reichlich Bedenken!« – »Ach, älterer Bruder, komm! Wir versuchen es!«

Sie kaufen nun einen Sarg. Sie legen die Gewehre hinein, die Revolver und was sie nicht alles haben, und gehen zum Schlachthof. Sie kaufen Därme, Mist, und alles werfen sie in den Sarg. Von außen machen sie den Sarg schön sauber. Und machen ihn nicht fest zu. Einen kleinen Spalt lassen sie offen, dass die Fliegen auch eine Chance haben. Da stürmen die Fliegen nur so auf den Sarg ein. Es stinkt da ja grauslich. Da sind ja Därme drin, und die Därme sind verfault. Nun fahren sie. Als sie nun an die Grenze kommen, hält die Polizei sie an. Und sie fragt: »Na, was ist los?« – »Ach, wir hatten Probleme mit dem Auto. Wir haben schon zwei Tage auf der Straße gestanden mit der Leiche von unserm Bruder. Darum schwirren die Fliegen so herum.« Und er erzählt ihnen, dass sie ihn im Ovamboland begraben wollen.

Da rannte der Sergeant schleunigst weg. »Nein!«, rief er. »Los! Fahrt, fahrt, fahrt! Mann, fahrt, fahrt, fahrt! Los, los, los, los!« Die Polizisten rannten nur so. Es war ja ein einziger Fliegenschwarm! Der Sergeant wollte den Sarg nicht weiter inspizieren … Sie rannten schnell zurück in ihre Wachstube und machten die Türe fest zu. Und die Burschen fuhren weiter. »Siehst du, Bruder!«, rief der Jüngere. »Den Plan habe ich ausgeheckt!«

Sie kommen nach Hause, so in der Nacht, und laden den Sarg ab. Als das ihre Mutter sieht, fängt sie an zu schreien: »Oh, wer von meinen Kindern ist tot? Wer ist tot? Paulus oder Petrus? Wer ist es?« – »Ach, Mutter, still! Bleib still!« – Aber die Mutter schreit gellend und heult. Da schlägt der Sohn seine Mutter: »Sei doch still!« – »Wie kann ich da still bleiben, wenn ich das hier sehe!« – »Horch doch, das ist ja nur ein Plan, den wir geschmiedet haben!« Denn die Burschen wollen nicht, dass jemand sie hört. Wenn die Frau hier so schreit, dann hören das die Nachbarn. Und dann sitzen sie drin im Schlamassel! Dann eilen alle herbei und sehen, dass sie mit einer Leiche gekommen sind! »Sei doch still, Mutter! Hör doch!« Er gibt ihr einen Klaps, und sie rennt ins Haus hinein.

Nun tragen sie auch den Sarg ins Haus. Und sie machen ihn schnell auf. »Mutter, komm, gucke mal!« Die Frau guckt und sieht die Gewehre: »Hei! Ach, Kinder, das habe ich ja nicht gewusst! Ich habe gedacht – ich habe so viele Kinder da unten. Da habe ich gedacht, ihr bringt mir eine Leiche!« Nun bittet der Bursche auch um Verzeihung. Er gibt ihr einen Kuss und bittet um Verzeihung, dass er sie so heftig geschlagen hat. Dann versteckten sie in der Nacht die Gewehre, nahmen den Sarg und verbrannten ihn ganz und gar. Dann machten sie das Auto gut sauber, und nach ein paar Tagen fuhren sie zurück. Sie kommen nun wieder zur Polizei dort an der Grenze. »Wie war das Begräbnis?«, fragt der Polizist. Einige von ihnen wollen lieber nicht so dicht an das Auto herantreten. Sie stehen weit entfernt und fragen von dort. »Ach, das Begräbnis war wirklich gut«, erzählen sie. »Es sind sehr viele Leute gekommen.« – »Dann fahrt ihr jetzt wieder nach Hause?« – »Ja, wir fahren wieder nach Hause zurück.« – »Na, dann glückliche Reise!« Die Polizei wollte auch nicht näher an das Auto herantreten. Denn in dem Auto waren ja so entsetzlich viele Fliegen. So fuhren sie wieder nach Hause. Und so waren sie glücklich mit ihren Gewehren durchgekommen.

Ich war Nummer 345 – Erinnerungen eines Kontraktarbeiters

Vinnia Ndadi

Ich arbeitete von Januar bis Juni in der Konservenfabrik und bediente die Maschinen, die Fische in Büchsen verpackten. Sie waren größtenteils automatisch, aber ich musste ständig auf Draht sein. Pausenlos kamen immer neue Fische.

Draußen verbanden riesige Rohre die Fischerboote direkt mit der Fabrik. Sie füllten den Laderaum mit Wasser und pumpten anschließend die Fische in die Büchsenfabrik. Drinnen wurden die Fische von Förderbändern weitertransportiert, an den Arbeitern vorbei und durch die Maschinen.

Morgens begannen wir, sobald die ersten Boote eintrafen. Einige Boote fuhren schon um fünf Uhr nachmittags hinaus, andere später. Die ersten kamen meistens gegen zwei Uhr morgens zurück. Der Wächter kam, um uns zu wecken, und schrie: »Konservenfabrik, Konservenfabrik, Konservenfabrik!« Was so viel hieß wie: »Die Boote sind da, an die Arbeit!« Wir kleideten uns hastig an und rannten die fünfzig Meter bis zur Fabrik. Dann arbeiteten wir, bis alle Fische durch waren. Wenn zum Beispiel fünf volle Boote zurückkehrten, arbeiteten wir von zwei Uhr morgens bis fünf Uhr am folgenden Abend. Manchmal sogar bis neun Uhr – und ohne jede Pause! Man konnte nicht anhalten, sonst »würden die Fische faul«, hieß es. Die Maschinen liefen ohne Unterbruch, die Förderbänder waren voll und ständig in Bewegung. Viele Männer bekamen geschwollene Beine vom vielen Stehen. Achtzehn Stunden! Das ist einfach zu viel für einen Menschen. Manchen waren die Füße oft so geschwollen, dass sie ihre Stiefel nicht mehr ausziehen konnten.

Auch das Essen war äußerst armselig. Keine Zeit fürs Frühstück – und wenn die Boote eins nach dem andern eintrafen, dann hieß es durcharbeiten, bis alles erledigt war. Manchmal, wenn es danach aussah, als stehe ein langer Tag bevor, brachten sie uns Brot und Schwarztee.

Ich verdiente ein Pfund fünfzig die Woche. Ein guter Lohn – aber so etwas wie ein freies Wochenende gab es nicht. Wir arbeiteten sieben Tage in der Woche während der ganzen Fischsaison. Hatten wir mehr als dreizehn Stunden pro Tag, erhielten wir Überzeitentschädigung, jedoch nur sechs Pence pro Stunde. Wenn ich von zwei Uhr morgens bis abends acht Uhr arbeitete – fünf Überstunden – bekam ich nur zwei Shilling und sechs Pence zusätzlich. So stand es im Vertrag.

Zu allem Übel kam noch hinzu, dass sich der Geschäftsführer keinen Dreck um die Arbeitsbedingungen in der Fabrik oder um die Gesundheit der Arbeiter kümmerte. Ich denke an unsere geschwollenen Beine, an die von Splittern in den Fingern und unter den Nägeln blutenden, geschwollenen Hände der Packer. Es gab keine ärztliche Betreuung; nur wenn man ernsthaft verletzt war, wurde man ins Spital gebracht. Und selbst dann musste man, wenn irgendwie möglich, noch am gleichen Tag an die Arbeit zurückkehren. Wenn unsere Füße so geschwollen waren, dass wir unsere Stiefel nicht mehr ausziehen konnten, gaben sie uns einfach ein Paar größere!

Ich erinnere mich an einen Unfall, kurz nachdem ich begonnen hatte … einen Unfall in der Fischmehlanlage, wo verfaulte Fische und Abfälle wie Köpfe und Flossen zu Futtermittel und Dünger verarbeitet wurden. Manchmal war der gesamte Fang eines Schiffes verdorben, und im Betrieb gab es einen großen Kessel für faule Fische. Eines Tages arbeiteten zwei Mann an der Maschine, welche die Fische aus den Schiffen saugte und sie auf ein Förderband darunter filterte. Einer stand ganz oben auf dem Tank auf einem Brett, das quer über die Mitte gelegt war, und stopfte die Fische zur Öffnung des Filters hinunter. Dieser Mann rutschte aus und fiel direkt in die Maschine hinein. Sie lief einfach weiter und riss sein Bein mit, bis sie sich verklemmte und gestoppt wurde. Er wurde befreit und ins Spital gebracht, verlor aber so viel Blut, dass er noch unterwegs starb. Es war ein Erlebnis, das mich stark beeindruckte.

Ein anderes, viel wichtigeres Ereignis war der Streik der Fischereiarbeiter im Januar 1959. Unser Vorarbeiter, ein Bure namens Baker, war äußerst bösartig. Er schrie ständig, beschimpfte uns und provozierte Schlägereien. Eines Tages begann er einen Streit mit einem Arbeiter, und es kam zu einer Prügelei. Baker wurde vom Ovambo gehörig verprügelt und zu Boden geworfen. Er ging schnurstracks ans Telefon und rief die Polizei. Sie kam und verhaftete den Arbeiter. Denn wenn die Polizei in Namibia erfährt, dass ein »Kaffer« unverschämt ist – ein *Pramaandag*, ein Aufrührer, wie sie es nennen –, fragen sie nicht einmal, was los ist. Sie dreschen einfach auf den Schwarzen ein. Er ist immer der Schuldige, nie der Baas.

So wurde dieser Kollege auf den Posten geschleppt und fürchterlich geprügelt. Dann wurde er zur Fabrik zurückgeschickt, offensichtlich »kuriert« und von der harten Hand der Polizei wieder »zur Vernunft gebracht.«

Ich ging zu ihm hin und fragte: »Sag mir, Kollege, was war denn los?«

»Ja«, sagte er, »ich habe mich nur geweigert, die Maschine zu reinigen, während sie lief.« Er arbeitete an einer Maschine, die Fischköpfe und -schwänze abtrennte. »Es ist zu gefährlich. Viele Kameraden haben ihre Finger verloren, als sie es versuchten. Du fängst an zu putzen und zack, deine Hand ist weg. Baker zwingt uns immer dazu, und ich hatte plötzlich genug.«

»Was war auf dem Polizeiposten?«, fragte ich, obwohl ich seinem geschwollenen Gesicht ansah, dass er geschlagen worden war.

»Sie packten mich einfach und begannen, mich zu schlagen und zu treten. Zu zweit. Dann brachten sie mich, ohne ein Wort zu verlieren, zur Arbeit zurück.«

Ich begann, darüber nachzudenken, wie wir Baker loswerden konnten. Denn dies war nicht der erste Fall dieser Art. Arbeiter aus Ovamboland hatten schon lange nichts als Ärger mit ihm. Anscheinend war er der schlimmste Weiße in der Fabrik. »Es muss etwas geschehen« – dieser Gedanke ließ mich nicht mehr los.

Eines Tages berief ich dann eine Versammlung in der Unterkunft ein. Nie zuvor hatte ich Ähnliches gemacht, aber ich fühlte brennend, dass es an der Zeit war, dass wir Arbeiter unsere Sache in die Hand nahmen. Es war an einem Sonntag. Nach einer langen Arbeitsnacht hatten wir früh Feierabend. Mehr als vierhundert Männer sammelten sich im Zentrum des Lagers. Einige waren noch in der Fabrik beim Reinigen und Fetten der Maschinen, aber aus den Unterkünften kamen alle. Sie waren neugierig, wozu das alles gut sein sollte. Ich eröffnete die Versammlung und sprach in Kwanyama. Wir waren alle Ovambos, und im Norden gibt es nur eine Sprache, wobei jeder Stamm seinen eigenen Dialekt hat.

»Meine Freunde, ich rief euch hierher, damit wir einige unserer Probleme besprechen können. Ich glaube nicht, dass ihr mit den Bedingungen in der Fabrik zufrieden seid – ich jedenfalls nicht! Diese Buren kümmern sich einen Dreck darum, was mit uns geschieht. Das müssen wir besprechen, Kameraden. Wir wollen sehen, ob wir dagegen etwas unternehmen können.« Rundherum zustimmende Rufe, und ich fuhr fort: »Also, was können wir gegen Baker unternehmen? Gerade diese Woche hat er einen Arbeiter durch die Polizei auspeitschen lassen. Und zu Unrecht! Der Mann konnte sich nicht einmal verteidigen! Was meint ihr also, was sollen wir tun?«

Die Leute begannen zu reden, sagten ihre Meinung und machten viele Vorschläge. Schließlich sagte ich: »Gut, es scheint, dass alle einverstanden sind: Baker muss verschwinden. Und wenn er nicht geht, dann gehen wir! Wir werden uns weigern zu arbeiten, wenn Baker nicht entfernt wird. Aber zuerst wollen wir mit Vorstwall, dem Fabrikdirektor, reden und ihn bitten, Baker zu versetzen oder rauszuwerfen.«

Alle waren einverstanden.

Diese Nacht kamen die Boote, und wir wurden zur Arbeit gerufen. Wir hatten abgemacht, dass jeder an seinen Arbeitsplatz geht, während ich Vorstwall holte. Ich betrat sein Büro und sagte: »Die Männer von der Konservenfabrik möchten Sie sprechen.«

»Was?« Er war sehr verblüfft. »Warum? Wozu?«, fragte er.

»Ich weiß es nicht. Am besten kommen Sie selber.«

»Gut, gehen wir.« Wir eilten zur Büchsenfabrik hinüber, und er sagte zu mir: »Ruf sie heraus, sie sollen die Maschinen stoppen.« Ich ging hinein: »Kommt, der Direktor ist hier.« Sie kamen alle heraus.

»Und nun frage sie, was sie wollen!«, befahl Vorstwall. In Kwanyama sagte ich: »Der Direktor will wissen, was ihr wollt.«

Wir hatten unseren Sprecher bereits bestimmt, einen alten Mann namens Namuandi. Er trat vor und erklärte: »Wir sind nicht einverstanden mit dem, was in der Fabrik passiert. Wir arbeiten zum Beispiel den ganzen Tag, müssen vom frühen

Morgen während dreizehn oder mehr Stunden stehen, ohne Pause. Unsere Beine und Füße sind geschwollen. Aber alles, was wir bekommen, sind größere Stiefel. Keine ärztliche Behandlung. Es ist so schlimm, dass viele von uns Rheumatismus bekommen haben. Auch bei Verletzungen wird uns höchstens Erste Hilfe geleistet, gerade genug, um uns wieder an die Arbeit zu schicken, nie Spitalpflege.«

Vorstwall hörte sehr aufmerksam zu. Ich glaube, es war das erste Mal, dass er Arbeitern gegenüberstand, die sich über die Verhältnisse in der Fabrik beschwerten. Schließlich kam auch noch das Problem mit Baker zur Sprache. Namuandi sagte: »Ein weiterer Punkt ist der, dass wir einen Vorarbeiter haben, der uns ständig misshandelt. Beschimpfungen, Drohungen oder sogar Prügel. Gerade vor ein paar Tagen hat er die Polizei gerufen, als ein Arbeiter sich weigerte, die Maschine zu reinigen, während sie immer noch lief. Auf dem Posten wurde dieser Mann fürchterlich verprügelt, ohne irgendeine Möglichkeit, zu erklären, was passiert war. Sie hörten nur auf Mr Baker. Und jetzt verlangen wir alle, dass Baker sofort aus der Konservenfabrik genommen wird. Unter einem solchen Mann können wir nicht weiterarbeiten. Da Sie der Leiter dieser Fabrik sind, können Sie ihn entfernen. Das ist unsere Forderung!«

Dann schwieg Namuandi.

Vorstwall blickte in die Luft, dann zu Boden – auf und nieder. Schließlich meinte er: »Das ist also euer Problem?«

»Ja, das ist unser Problem.«

»Gut, dann wartet einen Augenblick, ich lasse Mr Baker holen und frage ihn, was genau passiert ist.«

»Nein!«, schrien wir. »Wir wissen, was passiert ist! Sagen Sie uns hier und jetzt, ob Sie den Mann versetzen oder nicht. Es gibt nichts mit Baker zu besprechen! Geben Sie uns Ihre Antwort.«

»Nun, ich … ich kann nicht einfach einen Mann so ohne Weiteres entfernen, ohne ihm eine Gelegenheit zu geben, sich zu rechtfertigen. Ich werde euch meine Antwort geben, sobald ich mit Mr Baker gesprochen habe.«

Wir bestanden noch immer darauf, aber es machte ihn nur wütend. »Nehmen wir an, ich versetze ihn nicht? Was wollt ihr dagegen machen?«

Namuandi antwortete: »Wenn Sie ihn nicht entfernen, arbeiten wir nicht. Wenn Sie denken, er könne nicht ersetzt werden, dann lassen Sie ihn die ganze Arbeit erledigen. Wir werden unter ihm nicht mehr arbeiten.«

Er fragte, ob dies Namuandis Ideen seien oder ob wirklich alle Arbeiter wüssten, worüber hier gesprochen wurde und worauf sie sich einließen. Als ich das übersetzte, riefen viele: »Nein, wir haben alle gemeinsam entschieden – er ist nur unser Sprecher!«

Namuandi sagte: »Wir können nicht alle gleichzeitig reden, deshalb wurde ich zum Sprecher gewählt. Was ich gesagt habe, ist das, was alle denken. Wir sind uns einig.«

Vorstwall blickte wieder auf und nieder, dann sagte er: »Gut, ich werde ihn nicht versetzen. Mr Baker wird seine Arbeit fortsetzen, und ihr geht an die eure zurück. Das ist mein letztes Wort! Geht jetzt an eure Maschinen zurück!«

Die Männer standen unschlüssig herum, und ich sagte: »Gehen wir zur Arbeit zurück, wir treffen uns später in der Unterkunft.« Dann gingen wir ruhig auseinander.

Zum Glück gab es diese Nacht nur einen kleinen Fang, und wir waren gegen sechs Uhr morgens bereits fertig. Bald nachdem wir in der Unterkunft waren, trafen wir uns im Hof.

»Kollegen, ihr habt Vorstwall gehört. Trotz allem, was wir ihm erzählt haben, sogar trotz der Drohung, nicht mehr zu arbeiten, will er Baker nicht hinauswerfen. Was meint ihr, was sollen wir jetzt tun?«

Die meisten waren für einen sofortigen Streik. »Wenn Baker nicht verschwindet, streiken wir!«, riefen sie. »Das ist die einzige Antwort.«

»Wartet«, sagte ich, »wir sollten es vorsichtiger anpacken. Ihr wisst sehr gut, was die Buren bei einem Streik machen. Sie werden die Polizei rufen. Sie wird den Komplex umzingeln, den Eingang abriegeln und mit Maschinengewehren und Bajonetten eindringen. Ein paar von uns würden bestimmt getötet! Wie können wir uns verteidigen? Wir haben keine Waffen, nicht einmal Steine oder Flaschen! Wir sollten nicht in eine solche Situation hineinrennen. Aber wir können trotzdem etwas tun. Wir arbeiten einfach langsamer und bringen alles ein bisschen durcheinander. Wir gehen wie gewöhnlich an unsere Plätze, aber wenn die Fische kommen, legen wir sie so aufs Förderband, dass Zwischenräume entstehen, und die Leute an den Schneidemaschinen lassen Fische mit Köpfen und Schwänzen durch und solche Sachen. Wir sollten diese Art von Verzögerungstaktik probieren! Einfach in der Unterkunft bleiben, das wäre zu gefährlich.«

Die Männer hörten zu, diskutierten, überlegten und waren schließlich einverstanden. Dann besprachen wir, was jeder Arbeiter an seinem Posten tun würde.

In dieser Nacht kam der Wächter gegen zehn Uhr: »Konservenfabrik, Konservenfabrik, Konservenfabrik!«

Wir marschierten gemütlich an unsere Plätze und begannen zu arbeiten. Wenige Minuten später rief der Aufseher: »He! Halt! Stop!« Fische kamen mit Köpfen und Schwänzen heraus, Büchsen waren leer … »Halt!« Die Maschinen stoppten eine nach der anderen. Der Vorarbeiter Baker kam herbei, um zu sehen, was da vorging.

»Die Leute arbeiten, aber sehen Sie sich das an!«, sagte man ihm.

»Ihr Kerle, was macht ihr denn da!«, bellte Baker. »Woher

kommen diese Zwischenräume auf dem Förderband und diese ungeschnittenen Fische?«

Die Männer schauten ihn einfach an, stumm. Er ging von Tisch zu Tisch, fand überall dasselbe. Dann rannte er hinaus, um Ross zu holen, den Chef-Vorarbeiter der Konservenfabrik. Beide kamen gleich darauf aus dem Büro – wahrscheinlich wollte Ross selber nachsehen. Er kam zu mir herüber, zum Dolmetscher, und fragte in Afrikaans: »Was zum Teufel geht hier vor?«

Ich antwortete: »Ich glaube, es stimmt etwas nicht, Mr Ross. Sie wissen selbst, dass die Männer normalerweise nicht so arbeiten.«

»Wer organisiert diesen Blödsinn?«

»Ich weiß es nicht.«

»Bist du ganz sicher? Du musst doch jemanden in Verdacht haben!«

»Nein, Baas, ich weiß es wirklich nicht. Aber etwas ist sicher nicht in Ordnung.«

Er ging reihum zu allen Arbeitstischen. Jede Maschine hatte einen Tisch mit mindestens vier Männern, die die Fische schnitten und auf das Förderband legten. Im Gehen schrie er: »Was ist denn los mit euch, ihr Bastarde! Macht eure Arbeit, wie es sich gehört, sonst bekommt ihr keinen Lohn!« Dann befahl er uns, weiterzuarbeiten, und blieb daneben stehen, um zu sehen, was wir tun würden. Jeder machte weiter, wie zuvor.

»Stop! Stop! Verschwindet alle, in die Unterkünfte!« Ich übersetzte es für die anderen Arbeiter. »Gut, Leute, wir gehen.«

In der Unterkunft rief ich alle zusammen. »Es ist wunderbar nach unserem Plan gelaufen«, sagte ich. »Ja, ja«, antworteten die Arbeiter. Ein Mann allerdings wurde beschuldigt, sein Fließband wie gewöhnlich gefüllt zu haben. Namuandi sagte: »Wir haben ein Abkommen getroffen, Kameraden, wir sollten uns auch daran halten. Ohne Ausnahme. Keiner von uns sollte den Feigling heraushängen. Und jetzt werden wir den Bummelstreik weiterführen und sehen, was passiert.«

Wir blieben den ganzen Tag in der Unterkunft, und die Fische verfaulten in den Booten. Wenn sie mehr als zwei oder drei Stunden liegen blieben, verdarben sie. Der gesamte Tagesfang wanderte in den Fischmehltank, wo die Männer normal arbeiteten – unser »Streik« betraf nur die Konservenfabrik.

Um ein Uhr morgens weckte uns der Nachtwächter: »Konservenfabrik, Konservenfabrik, Konservenfabrik!«

Wir begaben uns in die Fabrik und begannen wieder, wie vorher zu arbeiten.

Diesmal war es Baker. »Stop! Stop!«, schrie er. »Was zum Teufel ist das, Ndadi?«

»Ich weiß es nicht, Baas.«

»Du weißt es! Und jetzt wirst du es mir sagen!«

»Nein, Baas, wirklich, ich weiß es nicht. Aber vielleicht können Sie die Männer zusammenrufen und sie fragen, was los ist.«

Stattdessen holte er Ross. »Wie ihr wollt«, sagte der und schnalzte mit den Fingern. »Geht alle zurück in die Unterkunft!« Wir schlenderten langsam hinüber.

Einige Minuten später kamen Ross, Baker und Vorstwall herüber. Ross kam geradewegs auf mich zu: »Rufe alle Männer hier heraus! Diese Schweinerei wird jetzt gleich aufhören!«

Ich rief: »Kommt, Männer, der Direktor möchte uns sehen!«

Wir sammelten uns in der Mitte des Lagers, wo wir immer unsere Versammlungen abhielten. Der Platz war günstig, auf allen Seiten von Pontoks umgeben.

Vorstwall stand uns gegenüber. »Ndadi, ich will wissen, was in der Fabrik vorgeht.« Ich übersetzte es den Männern.

Namuandi ergriff das Wort. »Wir sagten es Ihnen schon das letzte Mal, Baas. Wir wollen nicht mehr unter Baker arbeiten. Sie sagten, Sie würden Baker nicht entfernen, und wir antworteten, dass wir die Arbeit niederlegen, wenn Sie es nicht tun. Und das machen wir jetzt. Wir arbeiten jetzt so schlecht wie Ihr Vorarbeiter Baker.«

Ich übersetzte das Vorstwall. Der blickte wieder auf und nieder. Namuandi fuhr fort, seine Stimme wurde lauter, und er zeigte auf Baker: »Wir haben jetzt genug von Baker!«

Die Männer fuhren dazwischen, schrien: »So ist es! Werft ihn hier raus!«

Vorstwall schien zu befürchten, wir würden ihn jetzt wirklich packen und hinauswerfen. »Wartet«, schrie er, »nur eine Minute! Was hat denn Mr Baker genau getan, dass ihr ihn so hasst?«

»Wir haben es Ihnen schon erklärt! Aber Sie wollten sich ja nicht darum kümmern. Wir haben nichts mehr zu sagen, Sie müssen nur Baker verschwinden lassen!«

Baker war wirklich verstört und verängstigt. Nie zuvor hatte er sich einer Versammlung von wütenden Arbeitern gegenübergesehen, und er sah, dass seine Lage ernst war. Es sah ganz danach aus, als hätte Vorstwall keinen Ausweg und müsste ihn ersetzen. Sonst würde die Konservenfabrik lahmgelegt.

»Ich habe euch angehört«, sagte Vorstwall. »Wenn ihr morgen die Arbeit wieder aufnehmt, bin ich einverstanden, Mr Baker umzuteilen.«

Wir besprachen uns einige Minuten unter uns, dann sagte Namuandi: »Ja, Mr Vorstwall, wir werden wieder arbeiten, wenn Sie Baker entfernen.«

Für einen Augenblick blieb Baker mit gesenktem Kopf stehen, als sich die anderen umdrehten und weggingen. Es sah aus, als würde er weinen. Dann starrte er uns an, mit Hass in den Augen, und verließ die Unterkunft. Am nächsten Tag wurde er zur Arbeit in die Etikettierungsabteilung geschickt.

Als die drei gegangen waren, sprach ich zu den anderen Arbeitern: »Das ist ein großer Sieg für uns! Ich glaube, wir haben alle gelernt, wie stark wir sein können, wenn wir zusammenhalten!« Wir waren alle aufgeregt und glücklich über unseren Sieg … auch wenn er noch so klein war. Und ich sah jetzt, dass wir noch einen sehr, sehr langen Weg vor uns hatten. Wir waren Baker losgeworden und hatten es so angestellt, dass sie die Polizei nicht riefen. Aber noch immer arbeiteten wir viele Stunden für kleine Löhne und unter den gleichen miserablen Bedingungen. Es brauchte noch einen viel längeren und härteren Kampf, bis wir von dieser Art Ausbeutung wirklich befreit sein würden.

Aber es dauerte noch einige Zeit, bis ich das alles richtig erfasste.

Die Blumen von Walvis Bay

Margie Orford

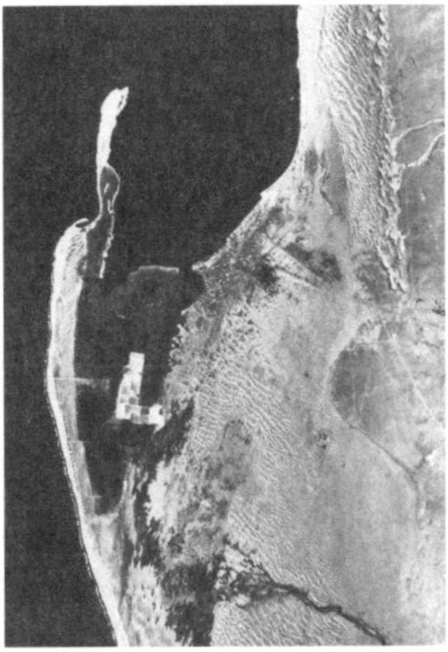

Der Morgendunst hing noch über der Kap-Ebene und brandete gegen den Tafelberg und die grünen Vorstädte zu seinen Füßen, doch als das Flugzeug nach Norden abdrehte, wurden die Bäume, Straßen, Städte und schließlich Dörfer rarer, und das Land wurde trocken, ohne jede Vegetation bis auf die anspruchslosesten Pflanzen. Clare schlug die Akte auf, die man ihr zusammengestellt hatte. Präzise Notizen in geschwungener Klosterschulenschrift. Eine Klarsichthülle für Ausgaben und Quittungen. Eine Liste von Kontakten. Leere Trennblätter für den Obduktionsbericht, die forensische Analyse, das ballistische Gutachten und das Profil. Clare spürte ein angespanntes Kribbeln im Rücken.

Tamar Damases hatte per E-Mail eine Luftaufnahme von Walvis Bay geschickt. Darauf war ein sumpfiges Flussdelta südlich des Hafens zu erkennen. Vom Delta aus erstreckte sich nach Norden eine schlanke, sandige Halbinsel, hinter der geschützt die Lagune und Hafengewässer lagen. An der Spitze dieser umschlingenden Landzunge befand sich der Pelican Point, um den herum die abgeschwächten Atlantikgezeiten in die Bucht strömten. Die kleine Stadt kauerte sich hinter den Hafen. Es war ein trostloser Fleck, der nach dem Zusammenbruch der Fischereiindustrie endgültig dem Vergessen anheimzufallen drohte. Da der Ort aufgehört hatte, wie geplant zu wachsen, lag die Schule, in der die letzte Leiche gefunden worden war, immer noch am äußersten Stadtrand; ein Bollwerk gegen die roten Dünen, die langsam nach Norden vordrangen, bis der unterirdische Kuiseb River sie aufhielt.

Ein einsamer Ort zum Leben und ein noch einsamerer Ort zum Sterben.

Clare betrachtete die Fotos, die Tamar von dem toten Jungen gemacht hatte. Kaiser Apollis war vielleicht vierzehn Jahre alt gewesen, doch er war so unterernährt, dass es schwer war, etwas anderes in ihm zu sehen als das Kind, das er einmal gewesen war. Die dürren Arme umschlangen die angewinkelten Knie, und Arme und Beine schirmten das nicht mehr schlagende Herz ab. Schlanke Knöchel verschwanden in viel zu großen Turnschuhen. Selbst auf dem schlechten, körnigen Ausdruck konnte Clare den teuren Nike-Bogen erkennen. Die Stirn ruhte auf den Knien, und der Hinterkopf fehlte. Die Autopsie war für den nächsten Tag angesetzt. Dann würde das Skalpell des Pathologen alle Geheimnisse herausschälen, die der Körper dieses toten Kindes noch bergen mochte.

Als das Flugzeug in den Landeanflug überging, klappte Clare die Akte zu und ließ die Stirn gegen das Fenster sinken. Im Westen hielt der Strand mit der weiß schäumenden Brandung die roten Dünen im Zaum. Dahinter erstreckte sich der rastlose Atlantik. Die tief stehende Sonne hob die vom Wind geformten Dünen der Namibwüste hervor, die mit winzigen, verarmten Siedlungen durchsetzt war. Ab und an konnte Clare ein Wellblechdach ausmachen oder die hellen Tupfen einer Ziegenherde, die unter den Uferakazien des unterirdisch fließenden Kuiseb River grasten – Beweise für die dünne menschliche Besiedlung. Walvis Bay selbst lag unsichtbar unter einem Laken aus Nebel.

»Dreißig Tage.« Die massige Zollbeamtin ließ Clares Einreisevisum in eine Schachtel zu ihren Füßen fallen. Als sie den gestempelten Pass zurückreichte, bohrte ein unerwartetes Lächeln zwei Grübchen in ihre runden Wangen. »Captain Damases hat Sie schon angekündigt.«

Tamar Damases wartete bereits in der Ankunftshalle, als Clare durch die Tür trat. Ihr herzförmiges Gesicht war so schön, wie es Clare in Erinnerung hatte, aber die schmale Taille versteckte sich hinter einem Schwangerschaftsbauch, der auf einen bedrohlich nahen Entbindungstermin hindeutete.

Tamars grüne Augen strahlten auf, als sie Clare wiedererkannte. »Lassen Sie mich helfen.« Sie fasste nach Clares Koffer.

»Sie werden gar nichts tragen«, protestierte Clare. »Sie sehen aus, als sollten Sie direkt ins Krankenhaus fahren.«

»Ich sehe nur so dick aus, weil ich so klein bin«, lachte Tamar. »Ich bin froh, dass Sie kommen konnten.«

Tamar führte Clare zu einem weißen Isuzu-Pick-up mit zwei Sitzbänken. Ein Polizist lehnte rauchend an der Ladefläche. Das schwarze Hemd spannte sich über der muskulösen Brust. Sein helles Haar war kurz geschoren, was sein ebenmäßiges Gesicht hart wirken ließ.

»Sergeant Kevin van Wyk«, sagte Tamar, »das ist Dr. Clare Hart.«

»Willkommen.« Der Mann gab Clare die Hand, machte aber keine Anstalten, ihren Koffer auf die Ladefläche zu heben.

Während sie vom Flughafen wegfuhren, drehte van Wyk das Radio gerade so laut auf, dass jede Unterhaltung anstrengend gewesen wäre. Clare orientierte sich an Tamar Damases, schaute schweigend auf die vorbeiziehende Wüste und fragte sich im Stillen, wie viel sich seit ihrem letzten Besuch wohl verändert hatte.

Vor zwei Jahren hatten die Fischfabriken, die wie hungrige Kormorane rund um den Hafen hockten, noch gewaltige Mengen verschlungen. Clare hatte gefilmt, wie ein Schiff nach dem anderen seinen silbernen Fang abgeladen hatte. Namibias elegant gekleidete Elite, die den Hafen umkreist hatte wie ein Haifischschwarm, hatte sich selbst immer größere Quoten zugeteilt, Farmen und BMWs gekauft, ohne je den gierigen Hals vollzukriegen, und nichts auf die Warnungen der Wissenschaftler gegeben. Jetzt war das Meer praktisch leer gefischt, und über der Stadt lag eine gespenstische Mattigkeit. Das Erbe der südafrikanischen Armee, die bei ihrem Rückzug ihrerseits ein klaffendes Loch in das Stadtsäckel gerissen hatte, war aufgezehrt.

Walvis Bay war nach wie vor kein schöner Anblick. Die Stadt hockte rund um den Hafen, immer bereit, alles aufzusaugen, was die vorbeiziehenden Schiffe hierzulassen gewillt waren. Das Polizeirevier von Walvis Bay lag gegenüber einem schwarzen Kohleberg, der darauf wartete, auf die immer seltener fahrenden Züge zu den Uranminen tief in der Wüste verladen zu werden. Die dürren Kräne ragten unheilvoll in den bleiernen Himmel auf. Eine Möwe kreischte auf, als Clare die Autotür zuschlug, und durchschnitt mit ihrem Schrei die kalte Luft.

»Kein so schöner Ausblick wie bei Ihnen in Kapstadt, Dr. Hart.« Van Wyk ließ den Blick genüsslich über ihren Körper wandern, während sie ihm voranging. Clare stellten sich die Nackenhärchen auf.

Das Revier war ein niedriges, schmuckloses Gebäude mit starken Gittern vor sämtlichen Fenstern. Offenbar hatte jemand geglaubt, dass es in Schwimmbadblau fröhlicher wirken würde, nur hatte sich inzwischen auf jeder zugänglichen Fläche Kohlenstaub niedergelassen. Zwei verwegene pinkfarbene Blumentöpfe bewachten den Eingang, aber leider blühten nur Zigarettenstummel darin. Ein paar davon mit Lippenstiftflecken, die meisten ohne.

Ein stämmiger Mann drückte gerade seine Zigarette darin aus, als sie die Stufen hinaufstiegen.

»Sergeant Elias Karamata, das ist Dr. Hart«, sagte Tamar. »Elias arbeitet mit uns an dem Fall.«

»Willkommen in Namibia, Doktor.«

»Nennen Sie mich doch Clare«, sagte sie. Karamata sah aus wie ein Ringkämpfer – Stiernacken, breite Schultern –, doch sein Händedruck war sanft und sein Lächeln warm. »Es ist schön, wieder einmal hier zu sein.«

»Sie kennen Walvis Bay?« Karamata schien das zu freuen.

»Ja«, sagte Clare, während sie das Besucherformular ausfüllte. »Vor einigen Jahren habe ich hier einen Dokumentarfilm über die Fischereiindustrie gedreht.«

»Diese ganzen Korruptionsgeschichten wurden inzwischen aufgeklärt.«

»Elias sollte eigentlich für das hiesige Fremdenverkehrsamt arbeiten«, warf Tamar ein. »Er verbringt jede freie Minute damit, mir einzureden, dass dieser Fleck der Himmel auf Erden ist.«

»In Walvis Bay weint jeder zwei Mal, Captain«, erklärte Karamata kopfschüttelnd. »Ein Mal, wenn er kommt, und ein Mal, wenn er gehen muss. Sie werden die Stadt auch noch lieben lernen.«

Clare folgte Tamar durch den düsteren Gang. Am anderen Ende war mit Klebestreifen ein rissiges Schild mit der Aufschrift »Sexualstraftaten und Mord« an eine Tür geklebt worden.

»Willkommen bei S und M.« Tamar versetzte der Tür einen geübten Tritt, woraufhin sie aufsprang und den Blick auf ein überraschend geräumiges Büro freigab. Es gab vier neue Schreibtische, jeder mit einem abgedeckten Computer darauf.

»Hier arbeiten van Wyk und Elias«, sagte Tamar. »Sie können den Computer am Fenster haben.«

»Er sieht brandneu aus«, meinte Clare.

»Ist er auch. Nachdem das Dezernat für Fischwilderei aufgelöst wurde, weil es nichts mehr zu wildern gibt, hat man mir Elias zugeteilt. Van Wyk wurde vom Sittendezernat herversetzt.«

»Warum hat man ihn versetzt?«

»Sexualverbrechen sind bei der Regierung das Thema des Monats. Theoretisch sollte es eine Beförderung für ihn sein.«

»Ich glaube, das hat ihm noch niemand gesagt«, stellte Clare fest.

Tamar ging ihr voraus zu ihrem eigenen Büro. Es war ein Einzelzimmer und sonnengelb gestrichen. In einer Ecke waren Kinderzeichnungen aufgehängt. Neben dem blauen Sofa lagen Spielzeuge und zwei dicke rote Sitzkissen. Der niedrige Tisch war mit Papier und Wachsmalkreiden bedeckt.

»Die Rückzugsecke für die Kinder«, erklärte sie. Ihr weicher Mund verhärtete sich, als sie eine Zeichnung hochhob und Clare überreichte. Es zeigte ein typisches Kinderhaus – rote Tür, Katze auf dem Fensterbrett, aus dem Schornstein quellender Rauch. Daneben ein kleines Mädchen mit einem Heiligenschein aus dicken Verbänden um den Kopf und schwarzen Panda-Augen. Eine Mama mit ähnlichen Blutergüssen. Ein Daddy im Anzug mit geballten Fäusten und dickem schwarzem Wachsmalkreidegekritzel über seinem Geschlecht. Jemand hatte »Joy« unter die Zeichnung geschrieben.

»So hieß sie«, erklärte Tamar. »Ich war letzte Woche auf ihrer Beerdigung. Ihr Stiefvater hat sie totgeschlagen. Er sagte, sie sei frech gewesen.«

»Wie alt war sie?«, fragte Clare.

»Sechs.« Tamars Stimme bebte.

An der Wand hingen gerahmte Fotos eines lachenden, etwa elfjährigen Jungen und eines kleinen, in Barbie-Rosa gekleideten Mädchens mit freundlichen Grübchen.

»Hübsch«, sagte Clare. »Sind das Ihre?«

»Die Kinder meiner Schwester. Sie ist gestorben, seither leben sie bei mir.«

»Das tut mir leid«, sagte Clare.

»Es sind liebe Kinder.« Tamar tätschelte ihren Bauch. »Das Kleine wird in eine Instant-Familie geboren. Sie haben keine Kinder?«

»Ich selbst nicht. Aber ich bin auch Tante. Meine ältere Schwester hat zwei Mädchen.«

Tamar stellte Wasser auf. »Tee?«

»Bitte. Roiboos?«, fragte Clare.

»Eine Detektivin trinkt nichts anderes.« Tamar reichte ihr grinsend eine Tasse. »Das ist der Terminplan.« Sie zog ein Blatt Papier mit einer Liste von Namen und Daten hervor. »Der Stadtdirektor will Sie sehen.«

»Schön«, sagte Clare. »Aber warum?«

»Sie sind das Tagesgespräch, und diese Morde waren ein Schock. Wenn hier jemand ermordet wird, dann geht es um eine im Hafenbecken treibende Prostituierte oder um einen in einer Kaschemme abgestochenen Matrosen.«

»Oder um ein kleines Mädchen wie Joy«, murmelte Clare.

»Oder um ein kleines Mädchen wie Joy, richtig.« Tamars Tasse klapperte auf der Untertasse. »Meine Entscheidung, Hilfe von außerhalb zu holen, wurde nicht uneingeschränkt begrüßt. Serienmörder passen nicht zu der neuen Vision von Walvis Bay als Touristenmekka.«

»Sie spazieren also über ein politisches Minenfeld?«

»Das«, erwiderte Tamar, »ist eine Untertreibung. Seit der Fischfang eingebrochen ist, sind ein paar wichtige Menschen ausgesprochen nervös geworden. Sie haben alle ihre Hoffnungen auf den Tourismus gesetzt, und mit toten Jungen lockt man nicht allzu viele Touristen an.«

»Ich werde eine Stadtführung der besonderen Art brauchen.« Clare konzentrierte sich wieder auf den Terminplan.

»Elias kann Sie morgen herumfahren«, sagte Tamar. »Er ist hier geboren, was sonst kaum jemand von sich sagen kann, deshalb kennt er alles und jeden hier. Er spricht sogar die Sprache der Topnaars.«

»Topnaars?« Clare zog die Stirn in Falten. »Sind das nicht diese Wüstenmenschen?« Sie waren ihr vage von ihrem vorigen Aufenthalt in Erinnerung.

»Genau. Sie wohnen am Kuiseb River und sind in der Wüste zu Hause wie sonst keiner. Wahrscheinlich haben Sie ihre Hütten gesehen, als Sie heute Morgen gelandet sind.«

»Stimmt«, sagte Clare. »Weiße Ziegen überall auf den Dünen. Im ersten Moment sah es aus wie Schnee.«

»Das waren sie«, bestätigte Tamar.

Am Abend fuhr Tamar an dem menschenleeren Hafen entlang. Er war mit sechs Meter hohem Stacheldraht von der Straße abgezäunt. Die Stacheln waren mit verdreckten Plastiktüten geschmückt: Afrikas Nationalblumen.

Tamar hielt vor einer abgeschiedenen Reihe von steinernen Bungalows, die allesamt fest verschlossen waren. Unter den Palmen und in den schmalen Durchgängen lagen tiefe Schatten. »Lagoon-Side Cottages« stand auf dem Schild, das an den ausgebleichten Walrippen über dem Eingang baumelte.

»An den wenigen Tagen, an denen sich der Nebel verzieht, hat man hier einen wunderschönen Ausblick«, sagte Tamar.

»Sie mögen dieses Wetter nicht?« Clare wuchtete bereits ihren Koffer aus dem Auto.

»Ich hasse es. Ich bin in der Sonne aufgewachsen, mir bohrt sich diese Kälte ins Mark.«

»Wie kommt es, dass Sie hier stationiert wurden?«, fragte Clare.

»Ich habe mich hierher beworben.« Tamar kramte in ihrer Handtasche nach den Schlüsseln. »Meine Schwester brauchte Hilfe, bevor sie starb, und bei der Polizei gibt es jede Menge Möglichkeiten der Beförderung.«

»Und Ihr Mann?«

Tamar strich mit der Hand über ihren runden Bauch. »Für das Kleine hier gibt es nur mich.« Ihr Tonfall verbot jede weitere Frage.

»Vor der Autopsie morgen Vormittag würde ich gern sehen, wo Kaiser Apollis gefunden wurde.« Clare wechselte nahtlos das Thema.

»Müssen Sie immer alles mit eigenen Augen sehen?«

»Auf Fotos wirkt alles viel flacher. Ich habe Ihre Bilder studiert, aber es ist mir lieber, wenn ich selbst dort war, wo der Leichnam gefunden wurde.«

Tamar schloss die Tür zu einem Bungalow auf. »Hoffentlich sind Sie nicht abergläubisch. Es ist die Nummer dreizehn. Darum bekommt die Polizei das Haus billiger. Niemand mietet sich je hier ein.«

»Wie kommen Sie darauf, dass ich abergläubisch sein könnte?«, fragte Clare.

»Wegen Ihrer Vorlesung«, sagte Tamar. Sie öffnete die Terrassentür zu der winzigen Veranda. Die Meeresluft durchzog wohltuend den stickigen Raum.

Clare war froh, ihren Koffer absetzen zu können. Es war ein langer Tag gewesen. »Gewöhnlich wirft man mir eher vor, zu nüchtern vorzugehen«, sagte sie.

»Sie haben damals etwas gesagt, das mir seither nicht mehr aus dem Kopf geht.«

»Und zwar?«

»Sie sagten, wenn Sie an einen Tatort kommen, bleiben

Sie dort gern eine Weile allein oder mit der Leiche sitzen. Dass dann manchmal eine Ahnung von dem, was vorgefallen ist, über Sie hinwegwehen würde wie eine warme Brise. Das hat mich sehr beschäftigt.« Tamar schwieg eine Sekunde. »Sie sprachen damals nicht über die Gefühle des Opfers. Sie sprachen über den Mörder. Sie spüren vor allem das, was der Mörder zurücklässt. Was Sie finden, ist sein Herz. Als ich den Leichnam auf dem Schulhof fand, stellten sich meine Nackenhaare auf. Ich hatte genau dieses Gefühl, Clare, das Sie damals beschrieben haben.«

»An Ihrer Stelle würde ich das nicht in den Bericht schreiben«, lachte Clare

»Bestimmt nicht.« Tamar sah müde aus und deutlich älter als ihre zweiunddreißig Jahre. »Morde unter Fremden sind am schwierigsten aufzuklären«, stellte sie fest.

»Es ist nicht leicht, in einer Stadt dieser Größe ein Fremder zu bleiben«, sagte Clare. »Und auch nicht leicht, ein Geheimnis zu bewahren, könnte ich mir vorstellen.«

»Sie wären überrascht, wie viele Geheimnisse es hier gibt.« Tamar zog den Kühlschrank auf. »Ich habe etwas Wein für Sie hineingestellt. Und Milch und Brot.«

»Sehr fürsorglich, danke«, sagte Clare und begleitete Tamar hinaus.

»Wir sehen uns dann morgen früh um sieben?«

Clare nickte und schaute zu, wie Tamar ihren Bauch hinter das Lenkrad schob. Schon nach wenigen Sekunden hatte der Nebel ihren Wagen verschluckt. Sie fuhr nach Osten. Clare schätzte, dass sie in Narraville lebte, einer vom Wind gepeitschten Township, die sich zu einem richtigen Vorort entwickelt hatte. Es hatte dort ein paar hübsche Gärten gegeben, wenn sie sich recht erinnerte. In einigen davon hatten der Wüste zum Trotz Rosen geblüht.

Die Kinder des Baumes

Meshack Asare

Es war alles so wie immer. Die Sonne erschien im Osten über dem Rand der Erde und stieg allmählich zum Himmel auf. Unten in der Talebene spreizten die Vögel ihre Flügel, und auch die anderen Tiere reckten sich. Immer höher stieg die Sonne, bis sie über die weichen Sanddünen und die steilen Felszacken hinwegschien. Bald war es überall hell. Und dort, wo die Tautropfen der vergangenen Nacht die Sonnenstrahlen auffingen, glitzerte es wie von Diamantenketten!

War an diesem Morgen etwas anders als sonst, so ahnte es keiner. Niemand ließ es sich jedenfalls anmerken. Es gab nichts, das ungewöhnlich schien. Der Himmel blieb ruhig. Von der Sonne erwärmt, krochen Echsen und Schlangen durch das Gesträuch oder schlängelten über den Sand.

Auch die großen Tiere spürten, dass es Zeit war, den Tag zu beginnen. Nach und nach fingen alle an, sich zu rühren. Aber nichts verriet, dass es ein ganz besonderer Tag werden sollte.

Auch der Wind ging wie sonst. Man konnte ihn nur am Hin- und Herschwanken des Grases und am Rascheln der Blätter erkennen. Er wirbelte keinen Staub auf, um ihn als riesige Säulen in den Himmel zu jagen. Ruhig strich er durch die Dünen, bewegte das Gras und ließ die Blätter rascheln.

Berge und Felsstöcke verharrten still und bewegten sich nicht. Sie blieben, wie sie waren, und behielten ihre merkwürdigen Formen. Steinbrocken wie Mammuteier und schroff aufragende Wände standen da wie seit je. Selbst der steinerne Turm, der wie ein Mahnfinger zum Himmel zeigte, neigte sich nicht, um auf ein besonderes Ereignis hinzuweisen.

Unverändert zog sich der lockere Wald den Berghängen entlang. Der Köcherbaum, die Welwitschia und der riesige Baobab sahen nicht anders aus als seit Hunderten von Jahren. Manche der Bäume streckten ihre dünnen, kahlen Äste in den Himmel, als wollten sie fragen, wann endlich etwas Besonderes geschehen würde.

Anderswo wurden wie jeden Morgen die Schmelzöfen angezündet. Die Menschen, die sich mit ihnen beschäftigten, hießen »Feuerleute«. Sie machten sich nichts aus Feuer und Hitze, solange sie Eisen und Kupfer gewinnen und bearbeiten konnten. Auch heute brannte die Sonne heiß auf ihre Köpfe und ihre gebeugten Rücken. Wie immer ließen sie Eisen und Kupfer schmelzen, um daraus Werkzeug, Waffen und Schmuck zu schmieden.

Auch für ihre Nachbarn, die »Felsenleute«, hatte der Tag begonnen. Sie waren mit Pfeil und Bogen unterwegs. Als erfahrene Jäger kannten sie sich in den Bergen und Tälern gut aus und wussten, wie die Tiere lebten. Nichts fiel ihnen auf.

Büffel, Elen-Antilopen und Oryx-Antilopen, der Löwe und der Gepard, Elefanten, Giraffen und Nashorn zogen durch die Ebenen wie gewohnt.

Und doch war es kein Tag wie alle anderen. Denn abseits von den anderen Bäumen stand ein Baum. Es war der riesige Omumborombonga-Baum. Und dieser Baum hütete ein Geheimnis. Das Geheimnis war eine Frauenstimme. »Wir sind schon so lange hier drinnen«, sagte sie. »Ich möchte jetzt endlich ans Licht.«

Und eine Männerstimme antwortete: »Auch ich kann nicht

länger warten. Wollen wir es versuchen?« In diesem Augenblick entstand im Baumstamm ein großer Riss. Der Mann half der Frau durch die Öffnung hinaus. Schon waren sie im Freien, und das Licht der Morgensonne blendete ihre Augen.

»Wie schön!«, rief sie überwältigt.

»Mehr als das!«, tönte die Stimme des Mannes neben ihr.

Miteinander traten sie aus dem Schatten des riesigen Baumes und schritten zum ersten Mal über den warmen Sand. Das war der Anfang des ganz besonderen Tages.

Die beiden Menschen aus dem Baum gehörten zusammen. Sie waren ein Paar. Die Frau hieß Kamungarunga, der Mann Musisi. Und als sie nun das weite Land gesehen hatten, beschlossen sie, es zu ihrer Heimat zu machen.

Als Erstes machten sie sich auf die Suche nach einer Stelle, wo Wasser und Nahrung zu finden wäre. Dabei folgten sie den Vögeln, die hoch über ihnen flogen.

»Sie werden uns zu einer Wasserstelle führen«, sagten sie zueinander.

Bald kamen sie durch grünere Landschaft. Das Gebüsch wuchs hier üppiger. Plötzlich rief Kamungarunga ganz aufgeregt: »Schau doch! Das kann man essen!« Und sie pflückten eine Handvoll Beeren.

»Woher weißt du denn, dass sie essbar sind?«, fragte Musisi verwundert.

Die Beeren waren tatsächlich essbar. Sie schmeckten gut und machten satt, und nach der Mahlzeit fanden die beiden auch bald eine Stelle mit Wasser.

»Nun«, fragte Musisi, »wie gefällt dir das alles?«

»Und wie es mir gefällt!«, rief Kamungarunga glücklich.

Zu ihren Füßen zog sich ein breiter Fluss dahin. Träge wand er sich durch die Ebene, und der blaue Himmel spiegelte sich im Wasser.

»Es sieht so aus, als könnten wir hier leben«, sagte Musisi nach einer Weile. »Aber wenn wir nicht in den Baum zurückkehren wollen, müssen wir ein Dach über dem Kopf haben, bevor die Sonne untergeht.«

»Ich weiß etwas!«, rief er auf einmal ganz aufgeregt. Er hockte sich hin und drehte ein Stöckchen auf einem trockenen Stück Holz, sodass alsbald ein dünner Rauchfaden aufstieg. Bald darauf machten sich die beiden mit Fackeln in den Händen auf die Suche nach einer Höhle.

Sie entdeckten eine kleine Höhle, deren Eingang von einem großen Felsbrocken verborgen war. Und als die Sonne hinter den Hügeln auf der anderen Talseite unterging und die Dämmerung kam, lagen die beiden schon behaglich und sicher in ihrer Höhle. So senkte sich die Nacht über den ganz besonderen Tag.

Musisi und Kamungarunga arbeiteten hart und lernten ihre Umgebung immer besser kennen. Der Mann ging auf die Jagd. Das brachte Fleisch und Felle für Kleider. Die Frau sammelte Wurzeln und Beeren als Nahrung. Und beide waren glücklich miteinander.
Eine Tages sagte Kamungarunga lächelnd: »Wir werden bald ein Kind bekommen!« »Vielleicht einen Jungen!«, rief Musisi voll Freude und schloss die Frau in die Arme. »Vielleicht ein Mädchen!«, antwortete Kamungarunga.

Als das Kind dann zur Welt kam, war es tatsächlich ein Mädchen. Beide Eltern freuten sich über die kleine Tochter. Gemeinsam gaben sie ihr den Namen Mangundu.

Mangundu wuchs zu einer schönen Frau heran, und ihre Nachbarn, die Felsenleute, sandten ihr Geschenke. Bald darauf nahm sie deren Prinzen zum Mann, und alle sagten: »Schenk uns viele Enkel!«

Es dauerte nicht lange, und die Familie wurde größer. Zur

Freude der Großeltern kamen zwei kleine Mädchen zur Welt, Nangombe und Kazu, die Töchter von Mangundu und dem Prinzen. An vielen Abenden, wenn sie zusammen am Feuer saßen, erzählte Großvater Musisi von jenem Tag, da er mit Großmutter Kamungarunga aus dem Baum gekommen war.

»Nangombe und Kazu«, pflegte er dann zu sagen, »ihr beide werdet eines Tages die Mütter vieler, vieler Menschen sein!«

Und so kam es. Die Jahreszeiten rasten vorbei wie Wüstenstürme, und ehe man es sich versah, waren aus den kleinen Mädchen zwei Frauen geworden. Schon kamen zwei Freier mit Geschenken. Der eine war ein Sohn der Ackerleute. Er hieß Ndeo, brachte Ziegen und Hirse mit und wurde Kazus Mann.

Auch der andere brachte wertvolle Geschenke: Werkzeug aus Eisen und Kupferschmuck, den er selbst geschmiedet hatte. Denn er war ein Sohn der Feuerleute und hieß Makili. Nangombe wurde seine Frau. Als es Zeit wurde, Abschied zu nehmen, erhielten die beiden jungen Paare den Segen aller Angehörigen. Dann machten sie sich auf die Reise.

Ndeo und Kazu waren schon viele Tage unterwegs. Eines Abends geschah etwas Seltsames. Sie hatten einen Rastplatz gesucht für die Nacht, und Ndeo war noch einmal fortgegangen, um Buschwerk zu sammeln. Denn er wollte für die beiden einen sicheren Unterschlupf bauen.

Kazu saß indessen alleine am Feuer und röstete Wurzelknollen für ihre Mahlzeit. Als sie den Kopf hob, war sie nicht mehr allein!

Nur wenige Schritte von ihr grasten große Kühe mit langen Hörnern. Sie erschrak und wollte schreien. Doch im selben Augenblick wandten die Tiere sich ab und trotteten gemächlich davon.

Als Ndeo zurückkam, sagte Kazu: »Du wirst es nicht glauben! Aber während du weg warst, hatten wir Besuch. Eine Rinderherde kam ganz dicht an mich heran.«

»Du hast vor lauter Erschöpfung Gespenster gesehen!«, meinte Ndeo.

»Ich wusste ja, dass du mir nicht glauben wirst«, antwortete Kazu, »aber ich spüre, dass sie wiederkommen werden!«

Und tatsächlich, die Kühe kamen wieder. Man hörte sie in der Morgendämmerung grasen. Sie waren zahlreich, und die Nähe der Menschen schien sie nicht zu stören.

»Ich kann es kaum glauben«, flüsterte Ndeo. »Es kommt mir vor wie ein Traum. Aber es ist keine Täuschung!«

Kazu schloss Freundschaft mit der Herde. Sie ging zwischen den Tieren hin und her, strich ihnen sanft über den Rücken und redete ihnen zu. »Wir wollen Freunde sein«, sagte sie. »Von heute an bleiben wir Freunde.«

Vielleicht verstanden sie die Tiere. Jedenfalls machten sie an diesem Abend keine Anstalten, wegzugehen. Sie blieben in der Nähe und teilten die Wärme und Sicherheit des Feuers mit Kazu und Ndeo. Auch am folgenden Tag gingen sie nicht fort.

Von nun an gaben die Kühe den Menschen für den Schutz, den sie bei ihnen genossen, täglich Milch. Kazu und Ndeo kümmerten sich fortan um die Herde. Und als sie später Kinder hatten, halfen ihnen diese dabei. Die Enkel machten es ebenso. Und bis auf den heutigen Tag sind die Kühe ihre wichtigsten Freunde geblieben.

Das andere Mädchen, Nangombe, zog mit ihrem Mann Makili in den Norden. Sie ließen sich in der Ebene nieder, wurden Bauern und pflanzten Getreide und Melonen. Auch sie hatten viele Kinder und Enkel.

Wie der Großvater vorausgesagt hatte, waren die beiden Mädchen die Mütter vieler, vieler Menschen geworden. Diese leben als tüchtige Schmiede, Viehzüchter, Bauern und Jäger in ganz Namibia. Sie alle sind Kinder des Baumes.

Nachwort

Endlose Sanddünen in der Namib-Wüste, flirrende Hitze über dem Diamanten-Sperrgebiet im Sossusvlei, Karakulschafherden im trockenen Steppenland, einzelne, in der Landschaft verlorene Windräder. Meilenweit keine Siedlung, ab und zu ein Farmhaus. Wer die Einsamkeit sucht und europäischer Enge entfliehen will, findet in Namibia Stille, Naturgewalt und nahezu grenzenlose Weite.

Als vollkommenes Kontrastprogramm zu diesen einmaligen und einmalig schönen Eindrücken dann Zeugen der jüngeren Vergangenheit: Hotel Hohenzollern oder Hotel Thüringer Hof, die Kaiserstraße und Schwarzwälder Kirschtorte im adretten Kaffeehaus in Windhoek. Nirgendwo in der Welt sind die Überreste der kurzen deutschen Kolonialzeit so unverfälscht erhalten und so präsent. Nirgendwo wird deutsches Brauchtum so gepflegt – und die Vergangenheit so verklärt.

Die Aneignung des unwirtlichen Landstrichs an der Atlantikküste durch das noch junge Deutsche Reich liegt kaum mehr als hundertfünfzig Jahre zurück, der Zusammenbruch dieser Kolonialherrschaft hundert Jahre. Doch das halbe Jahrhundert dazwischen hat »Südwest« geprägt – im Guten wie im Schlechten. Die Landerschließung, der Bau der Straßen- und Bahnverbindungen, die ersten Siedlungen mit Schulen und Spitälern gehen auf das ausgehende 19. Jahrhundert zurück, die grauenhaften Ausrottungskriege gegen die afrikanischen Völker jedoch ebenso. Das heutige Namibia, das 1990 die Unabhängigkeit verkünden konnte, lebt mit dieser Vergangenheit, dem Nebeneinander von Völkern und Kulturen. Heute setzt sich der Gedanke langsam durch, dass Namibia nur eine Einheit werden kann, »wenn wir die Deutschen wie die Buschmänner, die Christen wie die Traditionalisten als Namibier akzeptieren«, wie es André Strauss, Mitbegründer der Bricks-Kulturgruppe in Katatura, auf den Punkt bringt.

Das Literaturschaffen des Landes widerspiegelt diese kurze, äußerst wechselvolle, schmerzvolle, aber interessante Geschichte. Doch kann überhaupt von einer namibischen Literatur gesprochen werden? Das Angebot ist dünn. Nur wenige Publikationen von namibischen Autorinnen und Autoren sind auf dem Markt. Von deutschen Schriftstellern hingegen gibt es zahlreiche authentische Berichte oder historische Romane über die Kolonialisierung und die Besiedelung Namibias. Dabei fällt auf, dass in den zwei Jahrzehnten nach dem Verlust der Kolonie und vor dem zweiten Ansturm des Deutschen Reichs zur Weltmacht zahlreiche Publikationen erschienen sind, meist mit nostalgischen Erinnerungen und verklärtem Geschichtsbild. Ihr stetes Thema ist die verlorene Heimat, für welche so viele Menschenleben geopfert wurden. Eine kritische Auseinandersetzung mit der deutschen Kolonialherrschaft setzte erst spät ein, und zudem vor allem durch deutsche Autorinnen und Autoren. Von ihnen liegen einige sich auf geschichtliche Fakten stützende Romane vor, die durchaus lesenswert sind. Und schließlich gibt es in der dritten, vierten Generation auch Nachkommen deutscher Siedler, die sich zu Wort melden.

Mehr als ein halbes Jahrhundert stand Südwestafrika als Mandat des Völkerbundes und dann der UNO unter der Verwaltung Großbritanniens und anschließend Südafrikas. Und damit erlitt die afrikanische Bevölkerung dasselbe Schicksal wie die afrikanische Bevölkerung in Südafrika selbst: Rassendiskriminierung, Ausgrenzung, Unterdrückung, Rechtlosigkeit. Der Kampf dagegen dauerte Jahrzehnte, war aber letztlich erfolgreich. Auch dieser Zeitabschnitt ist in die namibische Literatur eingegangen.

In der vorliegenden Publikation kommen alle diese verschiedenen Zeitabschnitte und Standorte der Schreibenden zum Ausdruck. Auf die namibische Mythologie geht die schön ausgeschmückte Erzählung »Die Kinder des Baumes« von *Meshack Asare* zurück. In dieser namibischen Schöpfungsgeschichte, die nach jahrhundertelanger mündlicher Überlieferung erstmals Mitte des 19. Jahrhunderts niedergeschrieben wurde und die sich auch bei anderen Autorinnen und Autoren findet, sind die ersten Menschen Namibias Spross des Omumborombonga-Baumes. Auf die großartige Geschichte der namibischen Urbevölkerung geht der spannende Forschungsbericht von *Ernst Rudolf Scherz* ein, der die Felsbilder von Twyfelfontein wiederentdeckte und wissenschaftlich erfasste. Thema des Beitrags des deutschstämmigen Namibiers *Giselher W. Hoffmann* ist das Leben der namibischen Urbevölkerung unter den extremen Bedingungen der Kalahari-Wüste.

Mit den unvorstellbaren Schwierigkeiten der ersten deutschen Siedler bei der Inbesitznahme des Landes befasst sich der Reisebericht von *Hans Schinz*, der zwischen 1884 und 1887 als Pionier das Land vom Atlantik bis zur Kalahari bereiste. *Wilhelm Mattenklodt* gibt einen Einblick auf das Selbstverständnis der ersten deutschen Siedler vor dem 1. Weltkrieg. Mit der Katastrophe des Herero-Aufstandes befasst sich der Beitrag von *Gerhard Seyfried*, der jedoch auch feinfühlige Stimmungsbilder des damaligen Lebens enthält. *André Brink* zeichnet diese Zeit fiktional nach. Wie mit Bauernschläue die Kolonialpolizei überlistet wird, beschreibt *Sigrid Schmidt* in einer der von ihr in Namibia gesammelten Erzählungen.

Die enormen namibischen Diamantenvorkommen haben zahlreiche Abenteurer auf den Plan gerufen. Wie sich zwei schräge Vögel von diesen Schätzen – die heute im Übrigen immer noch in einem für Namibier wie auch Touristen verbotenen Sperrgebiet liegen – bedienten, schildert der Namibier mit deutschen Wurzeln *Helmut Sydow*. Die unübersehbaren Zeugnisse der deutschen Kolonialherrschaft im heutigen Namibia sind Gegenstand der Betrachtungen von *Georg Brunold. Henno Martin*, ein deutscher Auswanderer, entzieht sich dem 2. Weltkrieg und allfälliger Anfeindungen durch die britisch-südafrikanische Verwaltung durch Rückzug in die Wüste und hält die Erfahrungen von zwei Jahren Überleben unter härtesten Bedingungen fest. In diese Zeitperiode fällt auch der Aufenthalt des Abenteurers und Weltenbummlers *Negley Farson*.

Das Überleben in einer klimatisch menschenfeindlichen Umwelt stellte für die ersten europäischen Kolonisatoren eine Herausforderung dar – heute ist es abenteuerlicher Zeitvertreib und Initiationsritus, wie es *Dag Henrichsen* beschreibt.

Die jüngste Geschichte, der Unabhängigkeitskampf, ist Gegenstand der Beiträge von *Vinnia Ndadi*, der als Kontraktarbeiter einen ersten Streik in der Fischkonservenfabrik von Swakopmund organisierte, und *Helmut Kangulohi Angula*, der seine Jugend im Norden Namibias beschreibt. Beide sind später zu Kadern der Befreiungsbewegung SWAPO aufgestiegen und haben im unabhängigen Namibia Regierungsämter innegehabt. Wie kann die Erinnerung an den Widerstand von Hendrik Witbooi in jungen Generationen wachgehalten werden? *Peter Orner* schildert den Versuch eines Landlehrers – und wie er überraschend auf offene Ohren stößt. Doch im heutigen Namibia ist nicht alles zum Besten bestellt, deshalb jagt *Margie Orfords* Ermittlerin Dr. Clare Hart Verbrecher in Walvis Bay.

Und schließlich ist da noch die Geschichte, weshalb die Wunderblume Welwitschia eben Welwitschia und nicht anders heißt. Sie wird von *Carmen Rohrbach* erzählt, die auch über ihre unerwarteten Begegnungen mit Elefanten und Löwen berichtet – geradeso, wie es auch heute noch Namibia-Reisenden widerfahren kann.

Alle diese Geschichten tragen einen kleinen Kern dessen, was das heutige Namibia ausmacht. Wer mit offenen Augen durch das Land reist und ebenso offen ist für menschliche Kontakte, wird unweigerlich an das eine oder andere Thema eines Beitrags dieser Publikation erinnert. Sei es vor der Reise oder nach der Reise: Überraschungen und Aha-Erlebnisse sind garantiert!

Hans-Ulrich Stauffer

Worterklärungen

Afrikaner, Jonker (1790–1861) Stammesführer im ehemaligen Südwestafrika

Angra Pequena portugiesischer Name der Küstenregion in Namibia, heute trägt sie den Namen Lüderitzbucht

Asclepiadoideae Seidenpflanzgewächs

AWB (Afrikaner Weerstandsbeweging) von Weißen geführte Oppositionsbewegung gegen die Aufhebung der Apartheid in Südafrika

Bambuse afrikanische Hilfskräfte in der deutschen Kolonialarmee

Bastard, Baster Ethnie in Zentralnamibia

Brooklax Abführmittel

Bure Nachkomme der seit 1652 in Südafrika eingewanderten niederländischen, französischen und deutschen Siedler

Burenkriege zwei militärische Konflikte im heutigen Südafrika zwischen Großbritannien und verschiedenen Burenrepubliken (1880–1881 und 1899–1902)

Caprivi-Zipfel Landkorridor von Nordost-Namibia nach Osten

CDM (Consolidated Mining Company) Betreiberin der Diamantenminen

Demijohn Maßeinheit für Getränke

DTA (Demokratische Turnhalle Allianz) politischer Zusammenschluss weißer Siedler

von François, Curt (1852–1931) deutscher Gouverneur in Südwestafrika 1891–1894

Frauenstein Farm und (fiktives) Frauenkloster in der Nähe von Windhoek

Ghutara gedeckter Sitzplatz (Pergola)

Gisekia Pflanzengattung

Gwi Ethnie; früher auch als Buschleute bezeichnet

Herero Gesamtheit derjenigen, die Herero sprechen; Ethnie in Zentralnamibia

Homelands Bezeichnung für die Territorien, die jeder Bevölkerungsgruppe von der südafrikanischen Verwaltung fest zugewiesen wurden

Kaokoveld Region Namibias an der nördlichen Atlantikküste

Kap Finisterre Landspitze an der spanischen Westküste

Kimberley Stadt in der nördlichen Kapprovinz; damaliges Zentrum des Diamantenabbaus

Kolk Bezeichnung für eine kleine Vertiefung am Grund strömender Gewässer
Kung Ethnie; Teilgruppe der Buschleute
von Leutwein, Theodor (1849–1921) deutscher Gouverneur in Südwestafrika 1894–1904
Lobito Stadt an der Westküste Angolas
Lüderitz, Adolf (1834–1886) deutscher Großkaufmann und erster deutscher Landbesitzer im späteren Deutsch-Südwestafrika
Maharero, Samuel (1856–1923) Führer der Herero während des Herero-Aufstands
Mandatsgebiet Bezeichnung für das ehemalige deutsche Südwestafrika nach dem 1. Weltkrieg und der Übernahme durch den Völkerbund
Makili Name eines sagenumwobenen Kriegsführers
Muhindi zeremonieller Bierschöpfer
Nama Ethnie im Süden Namibias
Nitro-Express breitkalibriges Gewehr für die Elefantenjagd
Omumborombonga Ahnenbaum
Ovambo Ethnie in Nordnamibia und im Süden Angolas
Pad jede Art fahrbaren Weges
Riviere Trockenfluss
Schambock Peitsche, von den weißen Siedlern zur Züchtigung der Schwarzen eingesetzt
Schutztruppe erste deutsche militärische Formation in Namibia
SWANLA (South West African Native Labour Association) bis 1976 eine Organisation, die die Anwerbung von Kontraktarbeitern in den nördlichen Stammesgebieten betrieb
SWAPO (South West African People's Organisation) Befreiungsbewegung von Namibia
von Trotha, Lothar (1848–1920) deutscher Gouverneur in Südwestafrika 1904–1905
Veld Buschland
Vley hier: Bodensenke
Witbooi, Hendrik Nama-Führer; nach anfänglicher Loyalität zur deutschen Kolonialmacht führte er nach der blutigen Unterdrückung des Herero-Aufstandes selbst Krieg gegen diese
Zygophyllum Pflanzengattung

Autorinnen und Autoren

Mit * gekennzeichnete Texte wurden für diese Anthologie vom Verlag neu betitelt.

Helmut Kangulohi Angula

1945 in Otangana im Norden Namibias geboren. Seit 1963 war er in der SWAPO tätig. 1966 verließ er Südwestafrika und studierte in der damaligen Sowjetunion. 1976 rückte er ins Zentralkomitee der SWAPO auf, später vertrat er die Organisation in Kuba und bei der UNO. Nach der Unabhängigkeit Namibias war er im Staatsdienst unter anderem als Landwirtschaftsminister tätig. Er lebt heute in Namibia.

»Kindheit und Jugend in Südwestafrika«*, aus: Helmut Kangulohi Angula, *Die zweitausend Tage des Haimbodi ya Haufiku. Autobiographischer Roman aus Namibia*, edition südliches afrika 23, Bonn 1988. © Informationsstelle südliches Afrika e.V. 1988. Aus dem Englischen von Karl H. Heidtmann, Helgard Patemann, Manfred O. Hinz, Hanno Rumpf und Monika Kück.

Meshack Asare

1945 in Ghana geboren und dort aufgewachsen. Er studierte am Fine Arts College of Art in Kumasi und arbeitete zwischen 1967 und 1979 als Lehrer in Ghana. Heute lebt er in Deutschland. Die Geschichte des Omumborombonga-Baumes ist eine alte namibische Erzählung, die über Generationen mündlich überliefert wurde. Seine Bücher wurden unter anderem von der UNESCO und mit dem Noma-Award ausgezeichnet.

»Die Kinder des Baumes«, aus: Meshack Asare, *Die Kinder des Baumes. Eine Geschichte aus Namibia*. © Lamuv Verlag, Göttingen 1990. Aus dem Englischen von Helmi Martini-Honus und Jürgen Martini.

André Brink

1935 in Vrede im Oranje-Freistaat in Südafrika geboren. Brink ist einer der wenigen afrikaanssprachigen Autoren, die international Beachtung finden, schreibt jedoch auch auf Englisch. Heute erscheinen seine Romane gleichzeitig in beiden Sprachen. Er ist Honorarprofessor am Department of English Language and Literature der Universiät Kapstadt. Brink ist einer der bedeutendsten zeitgenössischen Schriftsteller Südafrikas.

»Die Schatten der Geschichte«*, aus: André Brink, *Die andere Seite der Stille.* © Osburg Verlag, Berlin 2008. Aus dem Englischen von Michael Kleeberg.

Georg Brunold

1953 in Arosa (Schweiz) geboren. Er war als freier Journalist in Kairo und in Tanger tätig, ab 1987 gehörte er der Auslandsredaktion der *Neuen Zürcher Zeitung* an und war dort später Afrikakorrespondent. Anschließend wirkte er bis 2003 als stellvertretender Chefredakteur der Schweizer Kulturzeitschrift *du*. Brunold lebt heute in Nairobi.
»Relikte Bismarcks«* (»Hotel Thüringer Hof Südwest«), aus: Georg Brunold, *Afrika gibt es nicht. Korrespondenzen aus drei Dutzend Ländern*, Eichborn Verlag, Frankfurt am Main 1994. © Georg Brunold 1994.

James Negley Farson

1890–1960, war Autor und Abenteurer. Er wurde in New Jersey geboren und studierte an der University von Pennsylvania Ingenieurswissenschaft. Als Journalist berichtete er aus St. Petersburg in den Tagen der Oktoberrevolution und war Zeuge von Gandhis Verhaftung in Poona in Indien. Zahlreiche Reisen führten ihn rund um den Erdball.
»Eindrücke aus Südwestafrika im Jahr 1940«*, aus: Negley Farson, *Der gottverlassene Kontinent*, Verlag Amstutz, Herdeg & Co., Zürich 1944. Aus dem Englischen von Ludwig Hofreuther.

Dag Henrichsen

1962 in Swakopmund geboren und aufgewachsen, doktorierte 1997 zur Geschichte der Herero in Namibia und arbeitet seit 1995 in den Basler Afrika Bibliographien. Er ist Verfasser oder Herausgeber zahlreicher Publikationen zur Geschichte Namibias.
»Herrensafaris in Kaoko«* (»Pilgrimages into Kaoko. Herrensafaris, 4x4s and Settler Illusions«), aus: Giorgio Miescher, Dag Henrichsen (Hg.): *New notes on Kaoko. The northern Kunene Region (Namibia) in texts and photographs.* © Basler Afrika Bibliographien, Basel 2000. Aus dem Englischen von Alexandra Hölscher. Deutsche Erstveröffentlichung.

Giselher W. Hoffmann

1958 in Windhoek, der heutigen Hauptstadt Namibias, als Enkel deutscher Einwanderer geboren. Er arbeitete zusammen mit einem Angehö-

rigen des Gwi-Volkes, durch den er mit diesem Volk und seiner hohen Kunst der Anpassung an die Natur vertraut wurde, als Berufsjäger in der Kalahari. Später wandte er sich der Schriftstellerei zu. Hoffmann schreibt auf Deutsch.
»Das Elixier der Kalahari-Wüste«*, aus: Giselher W. Hoffmann, *Die Erstgeborenen*, Unionsverlag, Zürich 1994. © Giselher W. Hoffmann 2002.

Henno Martin
1910 in Freiburg geboren, studierte Geologie. 1935 reiste er zusammen mit seinem Freund Hermann Korn nach Südwestafrika. Nach Ausbruch des Zweiten Weltkrieges befürchteten sie, als Deutsche interniert zu werden. Sie flüchteten in den Kuiseb-Canyon westlich von Windhoek, wo die beiden zweieinhalb Jahre ein Jägerdasein führten. 1970 veröffentlichte Martin seinen Bericht über die Zeit in der Wüste. Er starb 1998 in Göttingen.
»Wenn es Krieg gibt, gehen wir in die Wüste«*, aus: Henno Martin, *Wenn es Krieg gibt, gehen wir in die Wüste.* © Two Books, Hamburg 2009.

Ernst Wilhelm Mattenklodt
1886 in Lippstadt in eine Bauernfamilie geboren. Im Alter von zweiundzwanzig Jahren wanderte er in die deutsche Kolonie Deutsch-Südwestafrika aus. Er diente zuerst in der berittenen Schutztruppe, später kaufte er sich eine Farm, wo er Viehzucht betrieb. Er publizierte verschiedene Bücher zur Entwicklung in »Südwest«. Mattenklodt starb 1931.
»Bei der Schutztruppe«, aus: Wilhelm Mattenklodt, *Verlorene Heimat. Als Schutztruppler und Farmer in Südwest*, Verlag Paul Parey, Berlin 1928.

Vinnia Ndadi
1928 geboren. Er arbeitete als Vertragsarbeiter und schloss sich der SWAPO, der Befreiungsbewegung von Namibia, an. In den Sechzigerjahren ging er ins Exil. Sein Lebensbericht wurde auf Band aufgenommen und ist die Grundlage des Buches *Kontraktarbeiter Klasse B.* Ndadi vertrat die SWAPO in verschiedenen Ländern.
»Ich war Nummer 345 – Erinnerungen eines Kontraktarbeiters«*, aus: Vinnia Ndadi, *Kontraktarbeiter Klasse B. Mein Leben in Namibia*, Unionsverlag, Zürich 1978. © Vinnia Ndadi 1978. Aus dem Englischen von Werner Widmer.

Margie Orford
als Tochter südafrikanischer Eltern in London geboren, wuchs in Windhoek auf und studierte in Südafrika. Auf dem Höhepunkt der Apartheid wurde sie als Redakteurin der kritischen Studentenzeitung *Varsity* verhaftet und ein Jahr lang inhaftiert. In Südafrika studierte sie bei dem Literaturnobelpreisträger J. M. Coetzee. Mittlerweile wohnt und arbeitet Orford wieder in Namibia.
»Die Blumen von Walvis Bay«*, aus Margie Orford, *Blutrose*. © Blanvalet Taschenbuch Verlag, in der Verlagsgruppe Random House GmbH, München 2009. Aus dem Englischen von Christoph Göhler.

Peter Orner
1968 in Chicago geboren, lebt heute in San Francisco und lehrt an der San Francisco State University. Er studierte an der University of Michigan und ist der Autor zweier Romane und eines Kurzgeschichtenbandes. Zuletzt erschien von ihm in den USA *Love and Shame and Love* (2011).
»Ein Fleck nordwestlich von Otjimbingwe«, aus: Peter Orner, *Die Wiederkehr der Mavala Shikongo*. © Carl Hanser Verlag, München 2008. Aus dem Englischen von Henning Ahrens.

Carmen Rohrbach
in Bischofswerda bei Dresden geboren. Bei ihrer Flucht aus der DDR über die Ostsee wurde sie aufgegriffen und musste zwei Jahre ins Gefängnis. Später arbeitete sie am Max-Planck-Institut in München. Ihre abenteuerlichen Reisen nach Südamerika, Afrika, Asien und Arabien beschrieb sie in mehreren Büchern. Heute ist Rohrbach als Reiseschriftstellerin tätig.
»Inmitten wilder Tiere und Pflanzen«*, aus: Carmen Rohrbach, *Namibia. Abenteuerliche Begegnungen mit Menschen, Landschaften und Tieren*. © Piper Verlag, München 2005.

Ernst Rudolf Scherz
1906 geboren, emigrierte 1933 aus Deutschland nach Südwestafrika und lebte dort zusammen mit seiner Frau. Nebst seiner beruflichen Tätigkeit als Einkäufer und später als Geschäftsführer des Karakulzuchtvereins widmete er sich ab 1963 der Erforschung von Felszeichnungen. In seinen *Jahresberichten* dokumentierte er seine Arbeiten. Scherz starb 1981 in Hildesheim.

»Die Felsgravuren von Twyfelfontein«* (»Rundbrief vom November 1963«), aus: Carl Schlettwein (Hg.): *Ernst Rudolf Scherz. Südwestafrika. Jahresberichte 1962–1979. Namibia*, Lives Legacies Legends Vol. 1. © Basler Afrika Bibliographien, Basel 2004.

Hans Schinz

1858 in Zürich geboren, studierte an der ETH Zürich Botanik und begleitete 1884 eine von Adolf Lüderitz ausgesandte Expedition nach Südwestafrika. In den Jahren 1885 bis 1887 dehnte er seine Forschungen selbstständig nach Nordnamibia und in die Kalahari aus. Schinz war später in Zürich als Professor tätig, wo er 1941 starb.
»Mit dem Ochsenwagen durch Karas«*, aus: Hans Schinz, *Deutsch-Südwest-Afrika. Forschungsreisen durch die deutschen Schutzgebiete Groß-Nama- und Hereroland, nach dem Kunene, dem Ngami-See und der Kalahari 1884–1887*, Schulzesche Hof-Buchhandlung und Hof-Buchdruckerei, Leipzig 1891.

Sigrid Schmidt

widmete sich seit 1960 als Ethnologin der Märchenforschung im südlichen Afrika. Sie sammelte zahlreiche Märchen aus Namibia und Zimbabwe, welche sie kommentiert in mehreren Büchern publizierte. Die hier abgedruckte Geschichte wurde 1987 von Constantia Hoebes, dem amtierenden Häuptling der Damara, an einer politischen Veranstaltung erzählt.
»Wie schmuggelt man Gewehre?«, aus: Sigrid Schmidt, *Sagen und Schwänke in Afrika. Erzählungen der Damara und Nama.* © Rüdiger Köppe Verlag, Köln 1997.

Gerhard Seyfried

1948 in München geboren, arbeitet als Comiczeichner, Karikaturist und Schriftsteller. 2003 erschien sein historischer Roman *Herero*, 2004 folgte *Der schwarze Stern der Tupamaros*. Seyfrieds dritter historischer Roman, *Gelber Wind oder Der Aufstand der Boxer*, erschien 2008 und schildert abermals einen Aufstand von Unterdrückten.
»Die Vermessung des Landes«*, aus: Gerhard Seyfried, *Herero*. Eichborn Verlag, Frankfurt am Main 2003. © Bastei Lübbe, Köln 2012.

Helmut Sydow
lebt und arbeitet in Namibia als Fernsehregisseur, Übersetzer und früher als Rundfunkschaffender. 2005 publizierte er seinen Erstling *Treibholz* in seiner deutschen Muttersprache.
»Das Diamanten-Duo«, aus: Helmut Sydow, *Treibholz*, Benguela Publishers, Windhoek 2009.

Der Herausgeber

Hans-Ulrich Stauffer, geboren 1951, befasst sich seit Jahrzehnten mit Entwicklungen in der Dritten Welt und insbesondere in Afrika. Zahlreiche Reisen führten ihn durch ganz Afrika, vor allem in den Süden des Kontinents. Heute arbeitet er als Rechtsanwalt in Basel und ist Honorarkonsul der Republik Kap Verde in der Schweiz.

Vom gleichen Herausgeber liegt der Band *Reise auf die Kapverden – Geschichten fürs Handgepäck* vor.

Für die Unterstützung bei der Textsuche und der Übersetzung einzelner Begriffe aus namibischen Sprachen sei den Basler Afrika-Bibliografien, die einen der größten Bibliotheksbestände zu Namibia betreuen, und deren Mitarbeiter Dag Henrichsen herzlich gedankt.

Bildnachweis

7 Ovambo-Männer (Foto Deutsches Bundesarchiv, um 1910)
19 Strichzeichnung einer Löwin aus A. E. Brehms *Het Leven der Dieren*
33 Herrensafari in Zentralnamibia (um 1945) © Basler Afrika Bibliographien, Foto-Archiv Ernst und Anneliese Scherz
40 Wanderdünen im damaligen Deutsch-Südwestafrika (Foto Deutsches Bundesarchiv, um 1910)
50 Briefmarke aus Deutsch-Südwestafrika (1901)
58 Fotografie von Hendrik Witbooi (um 1900)
63 Gemälde von Charles Collier Michell; Source Museum Africa (1840)
68 Zeichnung eines Reiters der deutschen Schutztruppe (um 1910)
79 Karte der ehemaligen »Schutzgebiete Südwestafrikas« aus dem *Sächsischen Schulatlas* (um 1930)
94 Illustration eines Diamanten von Allie Hylton
107 Fotografie der Bismarckstraße in Swakopmund
115 Kuiseb-Canyon (Foto Anagoria)
133 Briefmarken, die in Südafrika produziert und zur Benutzung im Südwestafrika der Vierzigerjahre überdruckt wurden
140 Felsgravierung in Doros bei Twyfelfontein (1950) © Basler Afrika-Bibliographien, Foto-Archiv Ernst und Anneliese Scherz
146 Linolschnitt »In the Wind« (U. S. National Archives and Records Administration; 1961)
149 Fischschwarm (Foto Helga Ulbing)
161 Satellitenaufnahme von Walvis Bay der NASA
171 Fotografie der Bronzeskulptur »Ahnenbaum«, geschmiedet von Walter Probst

Foto Umschlaginnenseite: Wolfgang Steiner